Bertram Job

Schwer gezeichnet
Geschichten vom Boxen

Widmung

Für Lucas, der mal was Vernünftigeres machen soll.
Nicht vernünftiger als Boxen: vernünftiger als Schreiben.

Bertram Job

SCHWER GEZEICHNET

Geschichten vom Boxen

Illustriert mit Holzschnitten von Julia Alice Treptow

VERLAG DIE WERKSTATT

Bibliografische Information der Deutschen Bibliothek
Die Deutsche Bibliothek verzeichnet diese Publikation in der Deutschen Nationalbibliografie; detaillierte bibliografische Daten sind im Internet über http://dnb.ddb.de abrufbar.

Lotzestraße 24a, D-37083 Göttingen
www.werkstatt-verlag.de

Satz und Gestaltung: Verlag Die Werkstatt
Druck und Bindung: Westermann Druck Zwickau

ISBN-10: 3-89533-548-7
ISBN-13: 978-3-89533-548-8

INHALT

VORWORT

Wann wird man unheilbar in eine Sportart hineingezogen, und aus welchem Grund? Die erste dieser beiden Fragen lässt sich einfach beantworten, denn das Programmheft des ersten Berufsbox-Abends, den ich erlebt habe, hat bis heute alle Umzüge überstanden. Es ist ein eher schnödes denn elegantes Machwerk im Schulheft-Format, das für den 30 .März 1985 sieben Kämpfe in der Dortmunder Westfalenhalle ankündigt. Im Vorprogramm boxten René Weller und Chisanda Mutti; im Hauptkampf sollte Georg Steinherr seinen Europameister-Titel im Junior-Mittelgewicht gegen den Spanier Emilio Sole-Ruiz verteidigen. Doch schon mit den ersten Vorkämpfen war mir klar, dass ich in diese kleine Welt am Ring zurückkehren muss – egal wie der Abend ausgehen würde.

Die zweite Frage lässt sich dagegen unmöglich beantworten, gibt es doch für keine echte Leidenschaft einen wirklichen, benennbaren Grund. Man ist von der spezifischen Aura eines Sports fasziniert oder auch nicht, und im ersten Fall geht man dann immer wieder hin – sogar, wenn vieles daran einen über die Jahre stört. Es war ja nicht lustig, dass ich damals mit etwa 500 anderen lange auf den Beginn des Hauptkampfes warten musste, weil die beiden Kontrahenten sich weigerten zu boxen, bevor die Börsen ordnungsgemäß hinterlegt waren. Erst eine spontane Kollekte am Ring, die in den sechsstelligen Bereich ging, konnte die Hauptkämpfer überzeugen. Die Show drumherum war dürftig und altbacken, die riesige Halle gähnte vor Leere.

Mit den ersten Schlagwechseln des EM-Fights aber sammelte sich unter den Scheinwerfern eine atemberaubende Spannung, wie sie vielleicht kein anderer Sport zu bieten hat. Auf dieser kleinen Bühne verdichtet sich nämlich das große Drama zweier halbnackter, einander ausgelieferter Männer, die sich ohne Hilfe von Dritten behaupten müssen. Für jede Unachtsamkeit stehen sie mit ihrer physischen Substanz, ihrer Moral und ihrer gesamten Karriere ein. In diesem Unbedingten, das Joyce Carol Oates einmal »die absolute Autorität der Zeit« genannt hat, entfaltet das Boxen seinen genuinen Reiz. Und seine Wahrhaftigkeit, die wie eine Sumpfblüte inmitten dieses Mikrokosmos der Selbstdarsteller und Manipulateure blüht.

Die grandiose und die schäbige Seite der so genannten »sweet science« – über die nächsten 20 Jahre lernte ich beide ausgiebig kennen. Wie oft habe ich an diesem Showsport gezweifelt, wenn im Vorprogramm wieder ein unbedarfter Slowake oder ein übergewichtiger Pudding aus Ohio den lokalen Favoriten zum Fraß vorgeworfen wurde. In diesen Momenten ist das Spektakel von einem echten Zweikampf so weit entfernt wie die Erde vom Jupiter, und es wird deutlich, dass hier nicht viele gewinnen – fast alle Profis, die ich kennenlernte, sind irgendwann ohne größere Reserven oder Perspektiven aus der Sache herausgekommen.

Aber immer wenn du die Kurve kratzen willst, wird dir irgendwo zwischen Las Vegas und Leverkusen wieder ein Kampf serviert, der dich all das vergessen lässt. So sah ich zu, wie Graciano Rocchigiani 1991 in Düsseldorf trotz anderthalb geschlossener Augen Alex Blanchard zersägte, Dariusz Michalczewski 1999 in Bremen Montell Griffin durch die Seile schlug und Luan Krasniqi 2005 in Hamburg gegen Lamon Brewster k.o. ging – alles Duelle, die auch in meiner Geschichte zu den absoluten Höhepunkten zählen. Und immer wieder begab ich mich auf die Reise, denn wer den anglo-amerikanisch geprägten Sport begreifen will, sollte sich viel herumtreiben um alle zu erleben: den Cut-Man aus London wie die »prospects« aus Philadelphia, die eigenwilligen Trainer, mächtigen Tycoone und schrägen Typen in dem flamboyanten Geschäft.

Dabei setzten sich Stück um Stück Facetten vom Profiboxen zusammen, die in der Summe vielleicht eher ein angemessenes Bild ergeben als die eine große Story, an der so viele gescheitert sind. Das ist jedenfalls meine Hoffnung für dieses Buch, in dem auch meine größten Kämpfe stecken – die Kämpfe mit den Wörtern und, letzten Endes, mit mir selbst.

Düsseldorf, im Juli 2006 - Bertram Job

DANKSAGUNG

Für die große Geduld und Offenheit, mit der sie auf meine Fragen eingegangen sind, danke ich ohne Ausnahme allen Boxern. Einige sind in diesem Buch zu Wort gekommen, andere, die genauso von Belang waren, leider nicht. So etwa Sven Ottke, Markus Beyer, Axel Schulz, Virgil Hill, Wladimir Klitschko und nicht zuletzt Felix Sturm. Außerdem danke ich Helge Malchow, der die Idee zu diesem Buch hatte, sowie Bernd und Enno vom Göttinger Gym – und natürlich auch Jule für ihre wunderbaren Holzschnitte.

RUNDE 1

Countdown für einen Champion

Dariusz Michalczewski fällt es bis heute schwer, Menschen zu misstrauen. Wie im Ring lässt er auch im übrigen Leben gerne mal die Deckung hängen. Deshalb stimmte er auch sofort zu, als ich ihm im Dezember 1997 meinen unverschämten Wunsch antrug. Einmal wenigstens wollte ich in diesen letzten Stunden vor einem Kampf mit in der Kabine sein, um später davon zu erzählen. Anderen (und mir selbst) eine leise Ahnung davon zu vermitteln, *how it feels* – es ist eine der schwierigsten und vornehmsten Aufgaben des Sportreporters. In diesem Fall konnte sie nur gelingen, weil ich mir die Zunge von Dariusz auslieh – Wochen später in einem Hamburger Bistro aufgenommen. Denn ich brauchte seine eigenen Worte, um in den Kopf des Champions zu kriechen.

Die ersten Minuten sind immer eine Inventur. Da ist der Protector, da das Handtuch. Dort liegen die beiden Dosen mit dem Mundschutz; das Unikat und seine exakte Kopie. Sie haben auch an den Championgürtel gedacht sowie an das Wasser und die Vaseline. Die schwarze Jacke über einem der Garderobenhaken verrät die prinzipielle Anwesenheit des Trainers. Die Leute, die er kennt, sind verlässlich gewesen und ganz in der Nähe.

Dariusz Michalczewski ist spürbar zufrieden, als er bei seinem Eintritt die Kabine 5 der Alsterdorfer Sporthalle in Hamburg-Wandsbek mustert. Er setzt seine große Sporttasche ab, knöpft das schwarze Samthemd auf und lässt wie in Gedanken die Kinnlade malmend kreisen. So geht eben ein Profiboxer zur Arbeit, der als »Tiger« einen Ruf und als Halbschwergewichts-Weltmeister, Version WBO, einen lukrativen Nimbus zu bestätigen hat. Denn es ist Samstagabend, Kampfabend, und der 29-jährige gebürtige Pole mit dem deutschen Pass hat vor, sich mit einem kanadischen Herausforderer namens Darren Zenner nach allen Regeln seiner Kunst zu schlagen.

Bis der Hamburger aus Gdansk dem Kanadier aus der Bronx im Ring gegenübersteht, werden laut Zeitplan noch hundertdreißig Minuten vergehen. Aber das ist nur das äußere Geschehen. Der eigentliche Kampf, so sagen die Kenner dieses Sports, worunter sie den Kampf in jedem Boxer selbst verstehen – dieser Kampf also habe begonnen, noch bevor Dariusz Michalczewski in seine Umkleide trat.

»**Wenn man** in die Kabine kommt, ist schon die Hälfte der Nerven weg. Ich hänge meine Sachen und gucke, ob alles da ist. Dann frage ich nach Kaffee, setz mich hin, steh wieder auf. Das ist die Ungeduld, die muss man haben. Schlimm ist eher, wenn die mal nicht mehr da ist. Vor dem ersten Rocky-Kampf (gegen Graciano Rocchigiani) zum Beispiel war ich überhaupt nicht nervös, und leider auch nicht konzentriert. Da mussten sie mir noch schnell meinen Gürtel holen, weil ich den zu Hause vergessen hatte. Ich war total durcheinander. Dann machte es gong!, und plötzlich sollte ich boxen.

Ich warte also zuerst auf die Zeit, wo ich mir meine Stiefel anziehen kann. Wenn es soweit ist, dass ich mir die Stiefel schnüre – das ist schon gut. Diese Stiefel habe ich seit meinem ersten Weltmeisterschafts-Kampf. Wo ich die zum ersten Mal getragen hab, 1994 gegen Barber, hatte ich ohne Ende Blasen an den Füßen. Aber die sind immer noch okay; das ist nicht aus Aberglaube. Ich bin nicht abergläubisch, ich brauche das nicht. Ich mach auch nicht alles immer genau so und so. Manchmal mache ich die Stiefel gleich fest zu, manchmal erst später. Manchmal komm ich in Partysachen zum Kampf und manchmal im Jogginganzug.

Ich bin gerne früh fertig, auch wenn ich weiß, dass ich noch genug Zeit hab. Aber dann wartest du wieder, bis man dir endlich die Hände bandagiert. Ehrlich, ich wünsche meinem schlimmsten Feind nicht diese letzten Stunden vor dem Kampf. Wenn ich zu Hause am Fernseher die Maske-Kämpfe gesehen hab, und die gingen da nochmal mit dem Kamerateam in die Kabine – in diesem Moment habe ich richtig Mitleid mit dem Henry gehabt.

Der Abend nach dem Wiegen ist noch angenehm. Ich geh mit ein paar Freunden noch etwas Essen, bisschen quatschen und lachen... Aber dann geh ich schon als Erster weg. Letztes Mal hat mir der Bruno (Bruni, der Künstler) ein gutes Buch gegeben, darin hab ich im Hotel noch was gelesen. Dann bin ich eingeschlafen. Früher, bis vor meinem ersten Weltmeisterschaftskampf, war es schon manchmal so, dass ich im Traum im Ring stand. Aber jetzt schlaf ich gut. Beim Frühstück ist auch noch alles in Ordnung, kein Problem. Doch wenn ich danach mit dem Trainer spazieren gehe und wir über die Taktik für den Abend sprechen – dann fangen die Nerven an.

Schlafen kann man an dem Tag nicht mehr. Ich leg mich noch ein bisschen aufs Bett, les Zeitung, ess nochmal, so um siebzehn Uhr. Ich mag ungern alleine sein und bin früher oft noch unten im Hotel gewesen, Leute treffen und bisschen Kaffee trinken. Das hat mir auch nicht gut getan. Deswegen versuch ich jetzt, mich mal zurückzuziehen. Ich mach mein Ding, und wenn einer bei mir zu viel redet, sag ich ›Psst, nix Reden! Alles ist in Ordnung.‹

Einmal bin ich abends allein zur Halle gefahren. Die Leute guckten und dachten wahrscheinlich: ›Der ist nicht ganz richtig im Kopf! Fährt da vor seinem Kampf alleine Auto!‹ Aber mich interessiert sowas nicht.

Das sind meine Tage; ich mache das, wo ich mich am besten fühle. Ich steh' nachher auch allein im Ring; niemand kann mir dabei helfen.«

Durchtrainierte Männer, die im Energiestau Spiegel zerschlagen oder während einer Panikattacke zitternd in die Arme des Trainers sinken; Männer, die in dicke Wolldecken gepackt seelenruhig dösen oder auf den Knien sitzend den Lord um Beistand anflehen – kaum ein Raum im Sport ist von mehr mythischem Trockeneis vernebelt als die Umkleide des Faustkämpfers. Glaubt man jenen, denen der Zutritt in der Regel nicht gestattet ist, so werden hier Kämpfe vorentschieden. Wenn »Ego« das Codewort für das Geschehen im Ring ist, dann lautet das für die Stunden davor »Psycho«.

Aber der Boxer in Kabine 5 zeigt einstweilen noch keine auffälligen Reaktionen. Seine Aufmerksamkeit gilt jetzt einem kleineren Monitor, über den er zusammen mit Trainer Fritz Sdunek, der inzwischen zurückgekehrt ist, die Vorkämpfe in der Halle verfolgt. Die da boxen, sind seine Kollegen und Freunde aus dem Gym. Ihnen zuzusehen, lässt Zeit vergehen, und von jeder guten oder schlechten Bewegung kann man lernen.

»Genau so!«, quittiert Sdunek einen Aufwärtshaken; »sieh mal zu, dass die bei dir heut' wieder besser kommen.« Michalczewski sieht den Getroffenen in die Seile zurücktaumeln: »Guck mal, Fritz, der will nicht mehr!«

Das Übrige ist eine Sache von Atemwegen, die man freihalten muss. Immer wieder geht Michalczewski in den Waschraum hinüber, um sich deutlich vernehmbar freizurotzen. An seinem Platz in der Kabine hantiert er mit einem Nasenspray. Wie ihm der Arzt versichert hat, der kurz seinen Kopf in die Kabine steckte, enthält es keine zweifelhaften Substanzen. Noch einmal hockt sich der »Tiger« vor den Monitor, dann zieht ihn eine innere Spannung empor, und er lässt zum ersten Mal seine Pranken in Richtung eines eingebildeten Gegners fliegen. Ein Söldner in Adidas, der für ein paar kurze Momente seine Waffen ausprobiert.

»Mach dir keine Sorgen, Fritz«, sagt Michalczewski, »es ist alles da.«

Als Ringrichter Raul Caiz mit einem weiteren Offiziellen des Weltverbands in die Kabine kommt und sein Mantra der verbotenen Kampfhandlungen herunterbetet (»Don't hit after the break, no headbutts, no holding…«), ist es Viertel nach neun.

»**Ich muss** ein paar Mal schlagen, wuh-wuh wuh-wuh!, um das Gefühl zu kriegen. Zum Beispiel vor dem Kampf mit Nicky Piper im letzten Jahr: Ich habe mich so stumpf gefühlt! Da habe ich schnell den Fritz gerufen und dann etwas auf die Pratzen geschlagen – und plötzlich war das gute Gefühl wieder da.

Es ist jedes Mal die gleiche Aufregung. Erster Kampf überhaupt oder dreizehnter Weltmeisterschaftskampf – für die Person, die in dieser Situation ist, macht das keinen Unterschied. Dem Jungen, der zum ersten Mal in den Ring steigt, ist dieser Kampf genauso das A und O wie dem Champion. Es ist immer maximal, denn jedes Mal geht es um alles. Beim Tennis kannst du dreimal hintereinander verlieren und bleibst trotzdem noch die Nummer eins. Beim Boxen darfst du nie verlieren, jede Niederlage zieht dich vielleicht weg. Auch bei den Jungs im Vorprogramm steht immer alles auf dem Spiel.

Aber Angst ist das nicht. Wer seine dreißig Profikämpfe hatte und schon um den Titel geboxt hat, den kann keiner mehr erschrecken. Ich weiß selbst, wann ich gut vorbereitet bin und genug gearbeitet hab. Diesen Gedanken muss man haben, sonst macht man psychisch einen Fehler.

Manche sind so verkrampft, dass sie im Ring nicht mehr hauen können. Du machst zwölf Runden Sparring mit vier Leuten, die vielleicht sogar in der Weltrangliste sind. Du haust sie alle weg, wahm-wahm-wahm!, weil du locker bist. Und im Kampf hast du plötzlich die Hosen voll; deine Beine werden weich. Aber ich habe das nur gehört, denn ich bin psychisch sehr gut. Mir kann das nicht passieren, dass ich plötzlich in der Kabine nicht mehr atmen kann.

Ich möchte auch nicht wissen, was für ein Mensch der andere ist. Früher hab ich oft gedacht, dass er ein Arschloch ist. Das habe ich mir abgewöhnt. Man kann niemand nach ein paar kurzen Kontakten einschätzen. Heute können die sich bei mir benehmen, wie sie wollen – es macht keinen Unterschied. Die machen mich nicht weicher, wenn die ganz nett zu mir sind, und andersrum erschrecken die mich nicht. Ich weiß, was der von mir will, und der weiß, was ich von ihm will. Das ist der Sport.

Man will wirklich keinen verletzen. Man will gewinnen mit den Mitteln und nach den Regeln, die es da gibt. Virgil Hill zum Beispiel war supernett, aber mit ihm hab ich meinen härtesten Kampf gehabt. Und der Asluddin Umarov, der mich beim Wiegen auf Russisch beschimpft hat und sich gleich auf mich stürzen wollte – der hat dann am meisten Prügel von mir gekriegt und war am längsten am Boden. Deswegen, böse oder nett – im Ring können die dadurch nicht mehr oder weniger erreichen.

Beim Boxen ist alles andere wichtig, nur nicht die Kraft. Nummer eins in unserem Sport ist der Kopf.«

Tief in seinem Unterbewusstsein, heißt es, weiß jeder Boxer, dass er eigentlich immer allein ist. Kurzfristige Gesellschaft kann damit nicht gemeint sein, denn die erfährt Dariusz Michalczewski in der folgenden halben Stunde mehr als genug. Gelegenheitsgäste und Offizielle tröpfeln in loser Folge in den zwölf Quadratmeter kleinen Schlauch und machen die beiden herausgeputzten Gorillas vor der Kabinentür zu Pfostenheiligen.

Kaum ist Ringrichter Caiz verschwunden, tritt der Coach von Michalczewskis Gegner ein. Ein kleiner, hagerer Mann, der den Gepflogenheiten entsprechend stumm mitverfolgt, wie Fritz Sdunek nun seinen Schützling bandagiert – um dann durch die Signatur sein Einverständnis mit dem Wickelwerk zu geben. Gegen halb zehn ist ein Kamerateam des übertragenden Senders dran, der vom Tiger noch ein paar allerletzte bewegte Bilder braucht. Wie nach einer abgesprochenen Choreographie tanzen der schattenboxende Titelverteidiger und der Kameramann umeinander herum. Dann ist Michalczewskis Promoter Klaus-Peter Kohl herbei, der noch einmal an den minutiösen Countdown gemahnt: »Zwanzig geht's los, neunundzwanzig sollen wir drin sein.« Und dieser wird wiederum von einem weiteren Fernsehmann abgelöst, der Sdunek mit einem Sendermikro »verkabelt«.

So ist es schon knapp Viertel vor zehn, als Michalczewski mit seinem Aufwärmprogramm beginnt. Bahn um Bahn trippelt er tief ausatmend hin und her, lockert die Handgelenke und die Schultern, dehnt die Hüfte und läuft auf den Innenkanten der Stiefel. Das dicke Leder des Protectors knarrt, als Michalczewski in die Tiefhocke geht. »Ich fühl mich gut«, sagt er zu seinem Trainer; »so locker, weißt du.« Die Freude, in vertraute Bewegungsmuster zu verfallen, lässt ihn beim Schlagtraining dann kurzfristig mehr aufdrehen, als es dem Trainer lieb ist. Deshalb wird aus Sdunek, dem Antreiber, im Handumdrehen Sdunek, der Bremser. »Ruhig jetzt«, sagt der mit Dompteursgeduld, »und setz dich noch mal hin.« Die Stirn des Weltmeisters glänzt vor Schweiß; gleich ist es zehn.

»**Der Fritz** stellt mich ein, so wie man ein Piano stimmt. Da-da-damm, dang, dang! Er sieht auch, wenn ich zu früh in Form bin; das zeichnet einen guten Trainer aus. Ich kann mir vorstellen, dass Fritz auch Lampenfieber hat, genau wie ich. Aber er regt sich nicht auf. Denn ich muss das zeigen im Ring, ich bin seine Gewinnkarte. Wenn ich meinen Titel verteidigt hab, sag ich manchmal zu ihm: ›Fritz, es gibt nochmal großes Geld!‹ Vor dem Kampf aber denkst du nicht an deine Börse.

Wir brauchen bei diesen Übungen nicht viele Worte, weil das einfach läuft. Fritz sagt ›und jetzt Cross‹, und ich schlag erst links, rechts, dann den Cross. Das weiß man einfach. Wenn man da nicht harmonisch ist, kann man gleich zu Hause bleiben. Fritz kennt mich so lange – der hat mich schon zum Amateur-Europameister gemacht, als er eigentlich nur für die holländische Mannschaft in Göteborg war. Das ist ein Mann, der einen Plan hat, hab ich gedacht, was Besseres kann dir nicht passieren. Fritz war bei jeder Profi-Weltmeisterschaft von mir dabei. Er gibt mir Spaß an der Arbeit, Sicherheit und Selbstvertrauen.

Den Fritz hab ich so gerne – der ist meinem Vater ähnlich. Ich hab meinen Vater früh verloren, mit zwölf, seitdem steh ich auf eigenen Füßen. Jetzt such ich in vielen Männern meinen Vater; das ist fast wie eine Krankheit, so halbes Waisenkind zu sein. Aber es ist nicht einfach nur Freundschaft zwischen uns. Es ist Boxer und Meister, das ist das Tiefere.

Die Leute in meiner Nähe müssen mich nicht jahrelang kennen – die müssen wissen, was sie zu tun haben. Fritz' Assistent, der Christoph, der Manni aus Düren und die anderen zwei – die fragen mich nicht, weil sie schon wissen, was ich will. Die fahren vorher die Strecke zur Halle ab und wissen schon, wo die Kabine ist und wo wir reingehen müssen. Das sind meine Jungs, die springen für mich ins Wasser.

Ich muss mit dem Fritz dann auch nicht mehr viel über Taktik reden; das haben wir vormittags schon gemacht. Ich sage vielleicht noch: ›Du Fritz, ich geh zuerst mit meiner linken Hand rein, und dann mal gucken, was los ist‹. Und Fritz sagt dann: ›Aber pass auf, dass sie dich am Anfang nicht gleich erwischen. Lass dich nicht überraschen!‹

Ja klar, man hat schon ein Flugzeug im Bauch.«

Das T-Shirt des Weltmeisters klebt am Körper, als dieser mit Coach Sdunek nun an den Pratzen arbeitet. Wieder und wieder schlägt Michalczewski mit den Handschuhen, die der Ringrichter vor einer Stunde gebracht hat, auf die von den Trainerhänden wechselnd angebotenen Lederkissen. Einfache Hände, Zweier-, Dreier- Viererkombinationen. Fünf Hände hintereinander und sechs. Der ganze Raum dampft inwischen vor Energie. Der Boxer, der vorhin noch ein munter plaudernder Fernsehzuschauer war, ist plötzlich ein tropfnasser Schweiger, der stieren Blicks in sich selbst hineinsieht. Jedes gefährliche Tier wäre als Vergleich jetzt legitim.

»Wunderbar konzentriert«, lobt Sdunek, »keine Fehlschläge. Super!« Dann tupft er seinen Schützling mit einem Handtuch trocken wie eine Mutter ihr frisch gebadetes Kind. Einer der beiden Bodyguards steckt vorsichtig den Kopf in die Kabine: »Ab jetzt in fünf Minuten soll'n wa rauskommen!« Assistent Christoph hält die trassenbesetzte Poncho-Jacke bereit; Gagik, ein weiterer Helfer, holt den Championgürtel von der Garderobe. Und nochmal Inventur: Ist der Eimer da, sind Wasser und Vaseline griffbereit?

Dann öffnet sich die Kabinentür, und die kleine Karawane aus Boxer, Trainer und Gefolge zieht pünktlich und stumm den niedrigen, von Heizungsrohren beherrschten langen Gang zur Halle entlang. Am Ende des halbdunklen Tunnels sind grelles Licht, Trockeneisnebel und das Gestampfe und Gejohle der Tausenden, die zu den Klängen von »Eye of the Tiger« auf Dariusz Michalczewski, den Weltmeister, warten.

»**Vielleicht** höre ich diese Musik; ich weiß es nicht genau. Man guckt nur nach vorne und will so schnell es geht in den Ring. Und im Ring sieht und hört man sowieso nichts. Ich gehe im Kopf die Taktik durch, versuche, mich zu konzentrieren. Als junger Amateur dachte ich oft an die Freunde, die jetzt irgendwo in der Halle sind. Jeder davon war eine zusätzliche, psychische Belastung für mich. Du willst die Leute, die du kennst, nicht entäuschen.

Heute denke ich nicht mehr daran. Ich denke auch nicht daran, dass ich mich verletzen kann und da meine Gesundheit riskiere. Das darf man in solchen Momenten nicht. Ich hoffe vielleicht, dass von den Leuten in der Halle nicht mal einer verrückt spielt. Aber sonst denke ich dann an gar nichts.«

Dariusz Michalczewski gewann den WM-Kampf gegen Darren Zenner am 13.12.1997 in Hamburg durch Abbruch in der 6. Runde – und blieb bis Oktober 2003 Champion.

Im Zentrum der Vorlust

Es war am Vormittag ihrer ersten, mit Hochspannung erwarteten Auseinandersetzung im Februar 1964, als der junge Cassius Clay und Sonny Liston beim Wiegen in Miami Beach beinahe buchstäblich aufeinander trafen. Clay, der Herausforder, inszenierte einen Auftritt voll wüster Beschimpfungen seines Gegners (»Hornochse, Hornochse!«), auf dessen Höhepunkt er sich auf den amtierenden Champion stürzen wollte. Nur die noch immer sehr gebrauchsfähigen Arme des mehrfachen Ex-Weltmeisters Sugar Ray Robinson, der in Cassius' Clan war, schienen das Großmaul zurückzuhalten. Das theatralische Intermezzo kostete Clay 2.500 US-Dollar Strafe, hatte aber doch einen unbestreitbaren Effekt: der große Liston war zumindest aus seiner Ruhe gerissen. Man weiß, wie der Abend für ihn endete.

Längst nicht jedes Wiegen bietet einen Knüller dieser Kategorie. Meist ist die Zeremonie zur Erhebung des Kampfgewichts zweier Boxer, das »Weigh-in«, »eine geringfügige Affäre«, wie der amerikanische Box-Autor George Plimpton einmal formulierte. »Reporter, ehemalige Boxer und Gefolgschaften stehen rum, erneuern Bekanntschaften – ein großes Hallo, bei dem jeder hofft, dass vielleicht ein Fotograf in der Nähe ist um sie auf's Bild zu nehmen.« Doch bietet das erste physische Aufeinandertreffen für beide Kontrahenten eine Gelegenheit, »ein paar psychische Hiebe« auszuteilen, wie Plimpton wusste.

Und ist es überhaupt an großen Knüllern gelegen? Ein kleiner, aber fester Kreis aus Wichtigen und Voyeuren bildet sich ja überall, wo zwei Gegner eines mehr oder weniger bedeutenden Profibox-Duells auf die Waage steigen. Sie, nicht die Athleten, sind die eigentlich verhaltensauffälligen Teilnehmer an dem alten Ritual. Wie sie da versuchen, aus den Körpern und Gesichtern Verfassungen herauszulesen, letzte Hinweise auf einen wahrscheinlichen Kampfausgang – das allein schon ist den Besuch des seiner Natur nach eher schnöden Kurzaktes wert. Und es führt mitten in die Welt des Metaphysischen, von dem das Boxen nur so trieft: Nicht was man sieht, nämlich zwei Herren in Unterhosen, ist entscheidend, sondern was man dahinter zu wähnen meint.

Wer beim Wiegen ist, darf sich als Insider empfinden, als Zeuge am vorausgeworfenen Schatten großer Ereignisse: »Ich hab schon beim Wiegen gesehen, dass…« Er kann mehr Nähe zu den handelnden Personen ergattern als der abendliche Besucher auf bestem Platz. Er ist beinahe selbst der Mann auf der Waage und genießt so lustvoll schaudernd die aufgeladene Atmosphäre, die bei der vorerst letzten physischen Begegnung beider Kontrahenten zwangsläufig entsteht. Er steht im Zentrum der Vorlust, denn die eigentliche Botschaft der Zeremonie ist bloß dies: Nicht mehr lange, dann geht es los.

Die Fotos von Max Schmeling und Joe Louis, die sich, sockenhalterbewährt und in rahmengenähten Budapestern, vor der Waage die Hände reichen, sind Urbilder einer Kultur der sportlich-fairen Gegnerschaft geworden. Auch darin gleicht Henry Maske gut 60 Jahre später seinem Urahn: seine Begrüßung des Gegners fällt kurz aus, ist aber immer respektvoll-höflich. Andere halten es da mehr mit Cassius' großem, medienträchtigen Ballyhoo oder greifen tief in die Trickkiste des »Psyching Out«. Archie Moore pflegte seine Kontrahenten beim Gang zur Waage mit starrem, kaltem Blick zu fixieren, Benny Paret verspottete sie. Chris Eubank, flamboyanter Anti-Held und Supermittelgewichts-Champ aus Brighton, straft seine Opponenten zu dem Anlass mit gebührend inszenierter Ignoranz. Alles ist Psyche, heißt die Wahrheit beim Wiegen; alles, was nützen könnte, ist erlaubt.

Und dann gibt es mitunter tatsächlich Hinweise, wer den Kampf gewinnen oder verlieren wird. Als James »Buster« Douglas sich bei seiner Titelverteidigung gegen Evander Holyfield im Oktober 1990 unaustrainiert und übergewichtig auf der Waage präsentierte, stürzten die Wettquoten für ihn dramatisch in den Keller. Ähnliches wird von Liston vor seinem zweiten Kampf mit Clay (1965) berichtet. Und Henry Maske hat einmal gesagt, dass er an der Waage manchmal selbst einen wichtigen Eindruck vom Opponenten bekommt: »Ich spüre meistens schon beim Wiegen, ob da einer den festen Willen hat, mich zu besiegen.«

Eine geringfügige Affäre? E…
hof, Börse, Brunch für Besserwisser, …
Psychokriege. Genug Gründe also für einen …
beim nächsten Mal wieder dabei zu stehen.

…ch Kontakt-

RUNDE 2

Die Stadt der Kämpfer

Fast zwangsläufig landete Sylvester Stallone bei seiner Suche nach dem idealen Ort zum Start seines Rocky-Filmepos in den Schlachthöfen von Philadelphia. Nicht erst seit Smokin' Joe Frazier eilt der ehemaligen Industriestadt der Ruf einer Hauptstadt des Berufsboxens voraus. Mythos oder Realität – ich wollte es in einer kalten Dezemberwoche 1996 genauer wissen. So stieß ich auf Charles Brewer, den sie das »Hackbeil« nennen, auf Augie, einen melancholischen Gym-Betreiber, und auf ein fragwürdiges Stück amerikanischer Realität. Jenseits des Zentrums und der »Liberty Bell« geht es auch in Philadelphia in allen Windrichtungen vorerst ums Überleben. Geh eine Meile, und das Elend fängt allmählich an. Geh noch eine Meile, und du stehst in einem Gym…

In ihrem Abschnitt unterhalb der South Street ist die Juniper Street im Süden Philadelphias nicht eben eine Aufforderung zum Verweilen. Niedrige Häuserwürfel aus dunklem Backstein, deren bessere Exemplare man mit etwas Optimismus als farblos bezeichnen könnte, werden hin und wieder von Ruinen mit zugenagelten Fenstern unterbrochen. Ein paar letzte Autowerkstätten sind entweder eingegangen oder ziehen es vor, hinter heruntergelassenen Fassaden zu operieren. Selbst zur Mittagszeit kommt das einzig Helle auf dieser Straße von dem weißen Schild an Haus Nr. 1312, das *Augie's Gym* und damit immerhin eine Art Zuflucht verheißt.

Vor ein paar Wochen war es erst, dass Augustine Scimeca zum ersten Mal darüber nachdachte, wie lange er seinen Trainingsraum im ersten Stock noch würde halten können. Der 64-jährige gebürtige Sizilianer, den sie in »South-Philly« bald auf »Augie« und im Korea-Krieg um fünf Zehen zusammengekürzt hatten, war an dem Tag die vierzehn steilen Stufen vom Gym hinuntergestürzt. Dieser Unfall erschien dem ehemaligen Amateurboxer und jetzigen Coach wie ein Vorbote des Alterungsprozesses, der irgendwann auch ihn ereilen dürfte – auch wenn er hofft, dass sich das noch recht lange hinauszögern lässt. »Ich könnte natürlich zu Hause bleiben«, sagt Augie, »aber ich bin fast mein ganzes Leben lang hier gewesen, Tag für Tag. *Know what I'm sayin?*«

Man könnte wohl vermuten, dass der gedrungene Mann mit dem schütteren Haar, der da mit seinem Schlüsselbund hantiert, irgendwem noch etwas beweisen will – und wenn auch nur sich selbst. In den knapp vier Jahrzehnten seit seinem Beginn auf der East Passyunk Avenue hat *Augie's Gym* mit Moses »Buster« Drayton, Tyrone Everett, Calvin »Silky« Grove und anderen zwar regelmäßig Champions und Herausforderer produziert. Aber in dieser Stadt, wo sich die Boxsäle einst wie Schimmel in Kellerräumen ausbreiteten, war Weltklasse immer schon die Mindestvoraussetzung für ein Fachgespräch. Und irgendwie hatten danach statt Augie immer andere die großen Deals und die anerkennenden Erwähnungen eingeheimst. Smarte Managertypen und ehemalige Weltklasseboxer, die aufgrund ihres Namens einen ganz anderen Vorschuss als Trainer hatten.

Doch es ist weniger ein gelegentlich aufkommender Groll darüber als dieses bestimmte Gefühl am Schnittpunkt von Sucht und Gewohnheit, die den gelernten Polsterer im Ruhestand auch heute wieder die Treppe hinauftreibt. Es ist gleichzeitig Verantwortung für knapp zwei Dutzend Menschen aller Farben, Fahnen und Leistungsstufen, die hier oft schon ihre ersten Lektionen in Jabs und Kombinationen (und nicht selten auch ein paar Dollars für ein Mittagessen) bekommen haben, sowie ein gewisser Argwohn bezüglich der Art, wie sie die dreißig Quadratmeter ohne ihn nutzen würden. Augie Scimeca duldet hier keine laute »Rap-Scheiße« während der Übungszeiten und keine Aufwärtshaken an den selbstgefüllten Sandsäcken; »If I See You Go«, ist dort mit Filzstift unmissverständlich festgehalten. Und es ist, nicht zuletzt, auch die nie versiegende Hoffnung, dass aus einem der Nachmittagskunden der nächste, ultimative Champion werden könnte.

Denn da sind nicht nur Camerino, der junge Mexikaner aus Atlantic City, Schwergewichtler Ricardo, der lieber weiter Pizza ausfahren als Profi werden will, oder Maria, die auf dem alten Schwingboden hier schon etliche Pfunde verloren hat. Da ist auch eine Ausnahmebegabung wie Mike Polino, »weißer Junge, gerade 17 Jahre alt. Haut mir im Sparring erfahrene Profis weg.« Und da ist vor allem Charles Brewer, der 27-jährige Supermittelgewichtler aus einem der finstersten Viertel im Norden der Stadt. Ein hoch aufgeschossener, furchtloser Junge mit geschmeidigen Bewegungen und einem irgendwie zu kleinen Kopf, den Augie und sein persönlicher Coach Bobby Watts seit Monaten schon auf einen WM-Kampf vorbereiten, der vielleicht nie stattfinden wird.

Brewer, auch »The Hatchet« (Hackbeil) genannt, hält als USA-Champion momentan die führende Position in der Herausfordererliste des Weltverbands IBF. Zweimal schon hat sich im letzten Jahr ein avisierter Showdown mit dem amtierenden Champion und Superstar Roy Jones Jr. in Luft aufgelöst – weil sie den gefährlichen, aber weitgehend unbekannten Puncher wohl meiden, wie hier alle minus Brewer, der sich heraushält, natürlich vermuten. Wie zur Beschwörung hängt deshalb seit ein paar Wochen ein großer Zettel an der Wand bei der Treppe, der jedem Besucher in *Augie's Gym* verkündet: »Charles ›The Hatchet‹ Brewer wird Roy Jones Jr. 1997 niedermetzeln.«

Da ist es also wieder, das ewig-junge Lied von dem gefürchteten, allseits gemiedenen »Philly-Fighter«. Dem hartgesottenen Überlebenden zahlloser Kriege in den »Neighbourhoods« der Peripherie wie in den Gyms, dem Nicht-Zurückweichen zur verinnerlichten Maxime in allen Lebenslagen geworden ist. Ausgerechnet in der von Quäkern gegründeten »Stadt der brüderlichen Liebe«, wo sich die 1,6 Mio. Einwohner auf einem immer wieder wechselnden Patchwork einander ignorierender Straßenzüge verteilen, wird ja seit jeher das Zentrum des Profiboxens lokalisiert. Mögen die großen Kämpfe inzwischen in den Spielermetropolen von Las Vegas und dem benachbarten Atlantic City ausgetragen werden – das wichtigste Material dazu, gute Kämpfer, wird noch immer zu einem bemerkenswerten Prozentsatz in der einstigen Stahlhochburg des Ostens produziert.

»Wir kämpften mit Eisen da unten«, sagt Box-Coach Goody Petronelli über die Zeit, als er und sein Bruder Pat mit ihrem späteren Champion Marvin »Marvellous« Hagler für einige Aufbaukämpfe aus Massachussetts herüberkamen. Das ehrgeizige Trio war 1976 bewusst den Weg nach Philadelphia gegangen, weil Boxer von dort einhellig als »Die-Hards« charakterisiert wurden, die auch in beinahe aussichtsloser Lage noch bis zum Schluss Widerstand leisten. So kam es dann auch: Hagler verlor in jenem Jahr nach Punkten gegen zwei Lokalhelden, Bobby »Boogaloo« Watts, der nun Charles Brewer trainiert, und Willie »The Worm« Monroe – aber danach zehn Jahre lang nicht mehr. Das ging auch für die Petronellis so in Ordnung; was ist ein makelloser, aber nichtssagender Kampfrekord in Massachussetts gegen eine ansehnliche Bilanz im Eisen-Bad?

Es waren anerkannte Champions wie Ad Wolgast, Tommy Loughran, Bob Montgomery, Harold Johnson, Joe Frazier und Jeff Chandler, die das Renommé der Stadt durch die Jahrzehnte hindurch aufbauten. Fast noch mehr aber trugen die Legionen der Beinahe-Champions zum Mythos der Philly-Fighter bei. Wenn Weltklasse-Boxer wie Gil Turner, George Benton und Bennie Briscoe nie Champions werden konnten, so lag das nach allgemeiner Ansicht nach entweder daran, dass man ihnen wie im Falle Bentons nie die Chance dazu gab, oder einfach am harten Wettbewerb innerhalb der Stadt. Gute Kämpfer liefen hier immer schon Gefahr, durch die erbitterte Konkurrenz unter den verschiedenen Gyms auszubrennen, bevor sie ihre Hälse überhaupt aus Philly herausbekamen. Aber was für eine Perspektive immerhin: Wenigstens im Ring konnte die sonst so durchschnittliche Kapitale Pennsylvanias das übermächtige, gerade 85 Meilen entfernte New York ein ums andere Mal ausstechen.

Philadelphia, und nicht Brooklyn oder die South-Bronx, hatte sich Silvester Stallone vor zwanzig Jahren als Schauplatz seines ersten Rocky-Filmepos auserkoren. Anders als die beiden Vorstädte der Welt-Metropole bot die Stadt am Delaware nicht nur den morbiden Charme konfliktreicher Schwarzen-Ghettos. Sie lieferte mit ihren Unterprivilegierten aller Herkunft und den klar segmentierten Gruppen der zugewanderten Europäer, den *white ethnics*, besonders im Süden die passende soziale Tapete für den Aufstieg des weißen Underdogs in der multikulturellen Faustkämpfer-Welt. Dazu hatte sie den mythischen Status der Boxer-Hauptstadt. Wer hier lebte, war einem weit verbreiteten Vorurteil nach entweder selbst ein Fighter oder zumindest ein eingeweihter Fan, der eine Menge davon verstand. Und war es nicht oft genug auch so?

Es blieb dem aus Texas zugewanderten Schwergewichtsprofi Randall »Tex« Cobb vorbehalten, als Zeuge einer nächtlichen Prügelei einen unverwechselbaren Geschmack vom Kampfgeist in der Stadt zu bekommen. Cobb, der später Weltmeister Larry Holmes herausfordern und einen kleinen Part in »Rocky« spielen sollte, sah auf der Straße zwei ältere, betrunkene Männer aufeinander einschlagen – aber eben nicht wild und planlos, sondern mit sauber ausgeführten Führhand-Geraden, denen sie schulbuchmäßig Haken nachfolgen ließen. Was sei das für eine Stadt, entfuhr es Cobb in einem viel zitierten Monolog, wo selbst die alten Säufer auf der Straße sich mit Boxtechnik bearbeiteten?

Tatsache ist, dass sich in und um Philadelphia noch heute mehr Boxer und Boxtrainer finden lassen als in jedem europäischen Festland-Staat. Über hundert Profis mit einer Lizenz des Staates Pennsylvania trainieren in den rund 25 ernstzunehmenden Gyms der Hauptstadt und ihrer

Vororte (früher waren es angeblich fast hundert). Kleine, einfach und effektiv gehaltene Übungshallen zumeist wie *Augie's Gym*, das *Front Street Gym* im Nordosten, das *Champs Gym* im berüchtigten Strawberry-Mansion-Viertel und viele mehr. Dazu kommt ein Vielfaches an Amateuren. Wer aber glaubt, dass der Begriff »Amateur« hier wie in Europa eine etwas vorsichtigere Gangart bedeutet, hat ganz sicher nie vorbeigeschaut.

Zwanzig Autominuten reichen an einem gewöhnlichen Freitagabend, um vom Zentrum aus eine beliebige Richtung einzuschlagen – und immer irgendwo auszukommen, wo gerade eine »Amateur Card« abgehalten wird wie die im *Shepard Recreation Center* nördlich des Fairmont Parks. Dort findet man Männer wie Mitch Allen und Aaron Ford, die neben der Betreuung ihrer eigenen Athleten noch schnell Tickets verkaufen, Stühle rücken, Ringseile straffen, Gäste einweisen – und eine Stunde vor dem ersten Gong endlich dazu kommen, die zwanzig Starter im Alter von neun bis zweiundzwanzig Jahren auf zehn fair gematchte Kämpfe zu verteilen. Und man findet immer genau dreihundert Zuschauer, Familienangehörige oder Fans aus den Vierteln, die die eher schmucklosen Orte solcher Fünf-Dollar-Veranstaltungen mit ihrem Lärm in einen *Caesars Palace* der Vorstädte verwandeln.

»Break even!«, wird Mitch Allen von seinem Tisch mit den Ticketrollen hinterher verkünden, wenn auch der Ringarzt bar ausgezahlt ist. Bis dahin haben sich die Jungs aus einem halben Dutzend verschiedener Gyms in ihren Drei-Runden-Schlachten wieder derart unerbittlich die Fäuste um die Ohren gehauen, dass zumindest keine Fragen offen bleiben. Und es ist einer aus Mitch's Gruppe hier in Shepard, ein schwarzer Mittelgewichtler namens Willy Gibbs, der als Einziger an diesem Abend seinen Gegner vorzeitig aus den Ring gedroschen hat. Ein stiller, fast noch scheuer Junge mit dünner Defensive und gewaltiger Kelle, der auch nach dem Willen vom graumelierten Mitch demnächst Profi werden soll. Wer wollte an einem solchen Tag noch nach Überschuss in der Kasse fragen?

Will over Skill, Herz über Technik, ist hier im Zweifelsfall noch immer der Geist. Er hat rüttelfeste Boxer von begrenzter Haltbarkeit produziert, die sich in jedem Ring der Welt teuer verkaufen und schon als Amateur zum Stolz ihrer Straßenzüge aufsteigen. Für die Bewohner der »City of Neighbourhoods« kommt ein Boxer ja zuerst nicht aus Philadelphia, sondern aus Kensington, Fishtown, South-Philly oder wie der Stadtteil gerade heißt. Und er hat in jener Zeit, als ein spannender Abend noch mehr zählte als ein makelloser Kampfrekord, einen bestimmten Anspruch des Publikums etabliert.

»Sie sind hier nicht auf schicke Tanzschritte im Ring aus«, weiß Promoter Russell Peltz, »sondern auf den Schlagabtausch, vom Anfang bis zum Schluss. Die Leute wollen zusehen, wie andere Leute geschlagen werden, und sie wollen, dass sie hart geschlagen werden. Darum gehen sie zum Boxen.«

Obwohl erst 53, hat Peltz bereits die Erfahrung von über 35 Jahren an den Seilgevierten Philadelphias auf seinen fein betuchten Schultern. Initiiert durch den Vater, der ihn 1960 feierlich aufgepeppt zu den Kämpfen von Harold Johnson mitnahm, partizipierte der Sohn aus gutem jüdischen Hause als Student und Reporter des lokalen »Bulletin« bald als Zeitzeuge und Chronist. Auch die Meldungen über Kampf-Manipulationen durch Mafia-Capos wie Blinky Palermo und entsprechende Vorbehalte in der Familie vermochten den jungen »Afficionado« nicht mehr zu bremsen. Seine erste eigene Veranstaltung im legendären *Blue Horizon* erbrachte 1969 einen Reingewinn von 1.500 Dollar, und von da an reifte Peltz über die Jahre und Jahrzehnte zum ungekrönten Promoterkönig der Stadt. Mochten sie ihn dafür gelegentlich als Nutznießer oder Ausbeuter kritisieren – Peltz stellte mit Vorliebe die engen Kämpfe zusammen, in denen es ehrlich und erbittert zur Sache ging.

»Es ist immer eine Stadt der Puncher gewesen«, so Peltz. »Wenn ich hier Virgil Hill gegen Henry Maske veranstalten würde – ich glaube, die Leute würden mich aus der Stadt jagen.«

Es war ein kenntnisreiches Publikum aller Klassen und Farben, das bis in die Fünfziger hinein ganze Stadien bei großen Kämpfen wie Dempsey-Tunney I (1926) oder Marciano-Walcott (1952) gefüllt hatte. Und es war Peltz' historisches Glück, dass seine ersten Unternehmungen zu Beginn der Siebziger mit dem Beginn einer erneuten

Hochphase für den grausam-schönen Sport in Philadelphia zusammenfielen. Lokalgrößen wie Bennie Briscoe, Eugene »Cyclone« Hart, Willie »The Worm« Monroe und Bobby »Boogaloo« Watts stellten damals die halbe Weltelite im Mittelgewicht. Die 7.000 bis 12.000 Zuschauer, die ihre Kämpfe vornehmlich im *Spectrum* montags und freitags zogen, garantierten auch ohne TV-Gelder gute Einnahmen. Und für den kleinen Appetit zwischendurch gab es die intimeren Abende im 1.400 Fans fassenden *Blue Horizon*, wo die nachrückenden Geheimtips vor abbröckelnd-barockem Theaterinterieur boxten.

Heute dagegen ist die kleine, renovierungsbedürftige Arena gegenüber der Temple University auch für Peltz' Box-Shows der Regelfall. »Man kann nicht mehr sechs- bis achttausend Leute ziehen, wenn es um keinen Titel geht«, weiß der Promoter. Die zahllosen »Weltmeister« aber und ihre Herausforderer drängen in die Casinos von Las Vegas, Atlantic City und Connecticut, wo unvergleichlich mehr Geld zu machen ist. Die auf den Ranglisten dahinter kommen, riskieren ihren Status nicht mehr gegen einen Mitbewerber um die Titelchance. Sie gehen den Duellen, die hier viele Fans locken würden, lieber aus dem Weg.

»Bennie Briscoe war es egal, gegen wen er boxte«, sagt Russell Peltz. »Die heutigen Boxer dagegen sind mehr wie Geschäftsleute. Es ist wohl einfach zu viel Geld im Spiel.«

Aber Bennie Briscoe sammelt heute noch Laub in den Parks zusammen. Das mag nicht so traurig sein, wie es sich anhört, da er auf diese Art wenigstens ein städtischer Angestellter mit einem festen Einkommen ist. Doch alles in allem stellt sich Charles Brewer für den Rest seiner Tage eine andere Existenz vor – und sei es unter Verzicht auf einen ewigen Platz in der Erinnerung von Box-Fans, die ihm später nicht die Miete zahlen werden.

»Ich bin auch nicht die Art Boxer, die selbst zu jedem Boxabend rennt. Wenn ich irgendwo eingeladen werde, gehe ich eben hin und lasse mich blicken. Das gehört zum Geschäft. Aber ich habe in meiner freien Zeit genug andere Dinge zu tun.«

Wahrscheinlich hat der beste Mann in *Augie's Gym* zu viel in Echtzeit gesehen, um ein romantischeres Verhältnis zu seinem Sport zu pflegen. Wenn Brewer sich nach zwei Stunden Schwerstarbeit im Gym sein nasses Shirt vom Leibe reißt, kommt eine klaffende Narbe am Bauch zum Vorschein – Souvenir des letzten Straßenkampfs, den er als Siebzehnjähriger in den berüchtigten Blöcken an der Columbus Avenue im Nordwesten durchstand. »Ich habe den Kerl flach auf den Boden gelegt, aber dann schoss sein Freund auf mich. Die Ärzte im Krankenhaus sagten, die Kugel sitzt so schön im Muskelgewebe, wir lassen sie drin.«

Aufzuwachsen in jenen Straßen, wo es mehr Crack-Dealer als Leute mit einer Berufsausbildung gibt, hätte Brewer allein schon für die kurzlebige Vom-Ghetto-in-die-Weltspitze-und-wieder-zurück-Karriere prädestiniert. Aber aus irgendeinem besonderen Grund hat der Mann, den seine Fans als »The Hatchet« huldigen, nie so wie die meisten auf dieses Klima aus Gewalt und Depression reagiert. »Ich war eher zurückhaltend und habe mich aus Schlägereien rausgehalten, wenn ich's konnte«, sagt Brewer. »Und als ich mit vierzehn Jahren zu boxen begann, wirkte es auf mich nicht wie auf viele andere. Ich fühlte mich nun nicht fit gemacht für die Kämpfe auf der Straße, sondern ich wurde dadurch im Gegenteil reifer. Ich machte ernst mit dem Boxen.«

Vielleicht lag es auch an dem Coach, der dem Sohn eines Montagearbeiters eher zufällig passierte. Bobby »Boogaloo« Watts hatte seine große Mittelgewichts-Laufbahn gerade erst beendet, als ihm mit Brewer, seinem Freund William Jones und dessen Cousin Larry drei talentierte Anfänger aus der Nachbarschaft in die Arme liefen. Watts taufte sie »Razor«, »Hammer« und »Hatchet« und zeigte ihnen genug, um als Junioren bei den regionalen »Golden Gloves« zu bestehen. Aber Larry ließ bald nach, und William musste als Weltranglisten-Mann später wegen eines Augenproblems aussteigen. So ist »Brew« der letzte direkte Kontakt, der den 47-jährigen mit dem breitkrempigen Cordhut weiter mit der Weltspitze seines Sports verbindet. Das macht den Gewinn eines großen Titels fast schon zur Verpflichtung aus alter Nachbarschaft.

Doch Charles Brewer ist weder besonders ungeduldig wegen dieses immer wieder verschobenen WM-Kampfes, noch hegt er im Unterschied zu Bobby und Augie gegen den sich entziehenden Champion Roy Jones Jr. negative Gefühle. Sein Vollzeit-Job als Computer-Einrichter hält den High-School-Absolventen vor dem Training erstens gut auf Trab und versetzt ihn zweitens in die Lage, auch ohne das Geld aus einem »Mega-Fight« ein kommodes Familienleben in einem ruhigen Vorort zu führen. Lieber will Brewer ein »untypischer« Boxer sein, als lebenslänglich auf den Straßen der Verlierer zu bleiben.

»Manchmal gehe ich in meine Gegend zurück und spreche mit den Kids in den Schulen«, sagt Brewer. »Ich möchte ihnen vermitteln: Seht her, ihr könnt euren Arsch bewegen und etwas erreichen. Aber mit vielen dort ist es aussichtslos. Genausogut könnte ich auch mit einer Wand reden.«

Es mag eine Ironie darin liegen, dass ausgerechnet das Box-Training ein probates Mittel sein soll, um den nur zu alltäglichen Kreislauf aus Agonie, Sucht und Gewalt bei den Halbwüchsigen in Philadelphia zu unterbrechen. Tatsächlich aber scheint die Therapie wirksam genug zu sein, dass die Stadt vor allem in brisanten Vierteln den Erhalt und Ausbau der Box-Gyms immer bereitwilliger subventioniert. Jeder neue Sandsack und jede Reduzierung öffentlicher Abgaben für die Gyms ersetzen auf diese Art wenigstens teilweise eine Jugend- und Sozialarbeit, die es in breit angelegter Form nicht gibt. Woher sollten die Budgets dafür kommen in der hart am Konkurs segelnden Stadt, die in den letzten 25 Jahren eine Viertelmillion Jobs verloren hat?

Der Umbau der einstigen Industriestadt zu einem im Zentrum gefällig sanierten Dienstleistungs-Center hat vor allem die Nachfahren der über den *sun-belt* zugewanderten Schwarzen in der Peripherie nicht einbezogen. Zwischen den sich selbst überlassenen Kulissen abgewickelter Fabriken werden heute vornehmlich die Sozialfälle und die Kriminalität produziert, die der Stadt einen Spitzenplatz in den entsprechenden Statistiken der USA verschaffen. Da ist es nicht ganz unwichtig, wenn sich in einer Gegend wie der an der North Broad Station ein Box-Gym behauptet, bei dessen Namen auch heute noch die Passanten einen Moment lang verharren.

Über 20 Jahre nach seinem dritten und finalen Showdown mit Muhammad Ali in Manila bringt Joe Frazier erwachsene Männer und Frauen gelegentlich sogar dazu, ihre Nase an den großen Fensterscheiben des gepflegten Backsteingebäudes plattzudrücken. Der 54-jährige frühere Schwergewichts-Champion ist zwischen den schwitzenden Jungs an Speedball und Heavy-Bag noch oft genug zu sehen, um einen Blick in den großen Trainingsraum als aussichtsreichen Annäherungsversuch zu riskieren. Im anderen Falle sorgen Sohn Marvis, drei weitere Trainer und einige leuchtend-gelbe Kartontafeln dafür, dass hier im Sinne von »Smokin' Joe« nicht nur Uppercuts und Jabs unterrichtet werden. Die »Rules for Respect« zum Beispiel, die zur Achtung des Schöpfers, der Eltern und Geschwister, allgemein aller anderen und sich selbst aufrufen. Oder die »Zehn Volltreffer für das Leben«, die kurze Mantras für die Übenden enthalten wie »Gewinner geben nicht auf« und »Aufgeber gewinnen nicht.«

»So ein Junge ist wie ein leeres Glas«, erklärt Marvis Frazier. »Du kannst es so oder so füllen. Es geht ja nicht nur darum, dass hier jeder, der trainiert, eines Tages ein Weltmeister wird. Man kann lernen, überall ein Champion zu sein, nicht nur im Ring. Du bist dann ein Champion für deine Kinder, deine Frau, deine Freunde... Doch der eigentliche Champion, der die Entscheidungen trifft, der sitzt sowieso da oben.«

32 Amateure und drei Profis werden in *Joe Frazier's Gym* nach der Maxime »Schwitzt im Gym und blutet nicht auf der Straße« betreut – Jungs vom Block nebenan genauso wie der Olympiadritte im Leichtgewicht, Terrence Cauthen, aus dem nahen Trenton in New Jersey. Und man braucht nicht lange, um zu begreifen, dass der Familienclan um Joe und Marvis, den ehemaligen Titelanwärter und Prediger der »Faith Temple Church of God in Christ«, ihnen allen als gutes Beispiel vorangehen will. So wie Marvis und sein weltberühmter Vater, der als junger Arbeiter selbst an den Rinderhälften im koscheren Schlachthaus der »Cross Brothers« noch Schläge übte (und darin von Sylvester Stallone in »Rocky I« imitiert wurde), genau so sollen auch *dem guys here* ihre hundert Prozent im Gym geben. Und so wie Joe's Töchter Deborah und Jaqueline, eine Rechtsanwältin, sollen auch sie sich um eine qualifizierte Ausbildung im Zivilstand kümmern.

»Alle hier haben ihre Berufe«, erklärt Marvis. »Denn wenn es mit dem Boxen vorbei ist, muss ein jeder etwas anderes mit seinem Leben anfangen.« Und es steht schwarz auf gelb im Anfang der »Zehn Volltreffer« beim Sandsack geschrieben: »Ausbildung ist Macht.«

Augie Scimeca hat jedoch nicht den heilenden Einflüssen der Gottesfürchtigen vertraut, was sein Viertel in SouthPhilly betrifft. Er hat auf die gleiche Nase gesetzt, die ihm vor vielen Jahren beim Erwerb von Immobilien nützlich war, seine eigene, und alsbald die Häuser und Garagen, die ihm vor allem die Restauration alter Möbel einbrachte, auf einen Schlag abgestoßen. Dann ist er, wie so viele zugewanderte »Paesani« aus den Straßenzügen unterhalb des Italian Market, noch einmal ausgewandert – ins beschauliche Auriga nach New Jersey. Das Einzige, was ihn noch mit Philadelphia verbindet, ist sein Gym.

»Schau dir diese Häuser mal an«, sagt Augie im Vorbeifahren. »Würdest du glauben, dass hier mal die jüdischen Schneider saßen, die den Leuten gute, preiswerte Anzüge anfertigten? Gibt nur noch ein paar Vietnamesen hier mit ihrem Junk-Food, das die Schwarzen anschließend auf die Straße schmeißen. Ich bin bestimmt kein Rassist, aber wo immer diese Jungs hinziehen, ist bald alles im Arsch.«

Es wird etwa eine Stunde dauern, bis der tapfere kleine Mann seinen Wagen vor dem Eigenheim parkt. Bis er seinen nächsten, ultimativen Champion hervorgebracht hat, vergeht dagegen vermutlich noch eine kleine Ewigkeit. Wenn Charles Brewer demnächst den Gürtel im Supermittelgewicht gewinnen sollte, würde es ja einmal mehr nicht hauptsächlich ihm angerechnet werden, sondern Bobby Watts, dem Ex-Profi mit dem gewissen Namen.

»Es ist Bobby, der Charles ins Gym zieht«, sagt Augie. »Ihn, nicht mich, betrachtet er als seinen Trainer. Und glaub nicht, dass mir das nichts ausmachen würde. Es macht mir verdammt was aus. *Know what I'm sayin*?«

Ein Kerl namens »Wimpy«

Jerry Halsteads Beiname ist nicht gerade das, was ein ehrgeiziger Profiboxer als unbedingte Empfehlung versteht. In einer Welt voller »Hammer«, »Hurrikane«, »Zerstörer« und »Klingen« firmiert der knapp 34-jährige Schwergewichtler aus Oklahoma unter »Wimpy«, was sinngemäß übersetzt so viel wie »Muffengänger« bedeutet. Doch Halstead erträgt dieses miese Label nicht nur, er pflegt es geradezu. Denn nach 82 Siegen (62 vorzeitig) in nun 103 Kämpfen gehört Halstead eben nicht in die Kategorie der chronischen Verlierer. Sondern er hat mit seiner eigenen Ringkarriere gezeigt, »wozu einer fähig ist, dem andere nichts zugetraut haben«, wie er selbst formuliert.

Der kalkweiße Veteran aus Amerikas Mittelwesten, der am Samstag in Offenbach vorzeitig gegen den hoch gehandelten Olympiasieger Wladimir Klitschko verloren hat, mag für das Gros des deutschen Publikums einfach nur weiterer Aufbaugegner gewesen sein – für die internationale Gemeinde der Box-Afficionados jedoch ist er längst eine Institution. In 17 Profijahren hat sich Halstead auf drei Kontinenten mit über 20 Ranglisten-Profis und 6 Champions gemessen und dabei einen Kampfrekord geschaffen, der sich wie ein Streifzug durch die große Geschichte seines Sports liest. Und wenn er dabei gegen die Favoriten auch fast immer den Kürzeren zog – ihren Respekt bekommen hat er noch jedes Mal.

»Ich habe jeden geboxt und tue es noch immer«, sagt »Wimpy«. Und fügt ebenso stolz wie sarkastisch hinzu: »Siebzehn Jahre im Profigeschäft und nie ein Welttitel – das macht mich in den Augen bestimmter Leute, die andere beraten, natürlich sehr suspekt.«

Zu allem bereit und zu genügend befähigt, repräsentiert Halstead den äußerst kleinen Mittelstand einer gewöhnlich nur in Gewinner und Verlierer sortierenden Szene. Wer sich mit Halstead einlässt, muss im Ring gute Argumente haben, denn ganz freiwillig legt sich der Mann aus Midwest City nicht hin. Mit dieser Berufsethik hat der wackere Jerry im Schnitt immerhin vier von fünf Vergleichen für sich entscheiden können und ansonsten auch als »Lucky Loser« gutes Geld gemacht. Zusätzliches Geld, das der dreifache Familienvater auf sein Gehalt als Angestellter einer japanischen Autofirma draufpacken kann. So wie jetzt in Offenbach oder neulich in Leipzig, als er Rüdiger May acht Runden lang beschäftigte.

Er müsse sich im Grunde genommen bei Halstead bedanken, staunte der jüngere der May-Brüder seinerzeit nach dem Kampf – »so viel hab ick von dem dabei jelernt«. Aus diesem Stoff sind die Anerkennungen, die der dreifache Oklahoma-Meister statt größerer Championgürtel sammelt. Hätte das denn einer von den Faustkämpfern für möglich gehalten, mit denen er als Teenager sozusagen notgedrungen im Gym trainierte? Es war doch so, dass der minderjährige Vertretersohn zunächst »nicht so leben wollte, wie meine Eltern es mir beizubringen versuchten«, und vor dem Zivilgericht vor die Alternative gestellt wurde: entweder sechs Monate Jugendgefängnis oder Teilnahme an einem Box-Programm. So begann Jerry die Faustfechtkunst zuerst bloß »als einen Weg, meine Strafe zu verbüßen«. Seine Vorstellungen im Training waren so mäßig und angsterfüllt, dass man ihn »Wimpy« taufte.

Aber er blieb dran, bestritt als Mittelgewichtler im Juni 1980 seinen ersten Profikampf. »Sie nannten den anderen Leonard »The Hammer« Patterson. Ich war noch keine siebzehn damals und furchtbar nervös. Wir hatten einen Vierrunder ohne große Schachmanöver, viel Action von Anfang an. Ich gewann die erste Runde, er die zweite, dann stoppte ich ihn in der dritten. Ich glaube, ich bekam 250 Dollar dafür.«

27 Vergleiche weiter steht Halstead bei 23 Siegen, einem Unentschieden und vier Niederlagen, von denen er nur eine als fair akzeptiert. Im Laufe der nächsten Jahre aber lernt er, »dass die Punktrichter manchmal eher politische Entscheidungen fällen.« Protegiert werden stets die Gegner, die dem technisch limitierten Landei ohne Lobby bei seinen Ausflügen in die Arenen von Las Vegas und Atlantic City gegenüberstehen. So verliert er 1987 nach Punkten umstritten gegen Tony Tubbs, so wird er 1992 im Duell mit Ray Mercer nach anderthalb Run-

den wegen eines Cuts zum Verlierer erklärt – obwohl die Regeln des betreffenden Verbandes besagen, dass solche Abbrüche bis zur dritten Runde als technisches Unentschieden zu werten sind.

Aber auch das hat Jerry »Wimpy« Halstead nicht aufhalten können. Inzwischen kennen sie ihn zwischen Tulsa und Tokio besser als manchen kurzlebigen Weltmeister und beobachten anerkennend, wie sich sein Rekord den Marken legendärer Boxer annähert. Emile Griffith hatte 111 Kämpfe absolviert, Ezzard Charles 122 und Henry Armstrong 174. Irgendwo dazwischen will auch »Wimpy« eines Tages stehen. Die Tracht Prügel von Wladimir Klitschko wird gar nichts ändern, sagt er, und überhaupt: »Niederlagen machen keinen schlechten Boxer aus dir. Sie machen dich sogar noch stärker, wenn du ein guter Boxer bist.«

Entgegen seiner Ankündigung beendete Jerry Halstead 1997 seine Profikarriere nach der Abbruchniederlage gegen Wladimir Klitschko.

RUNDE 3

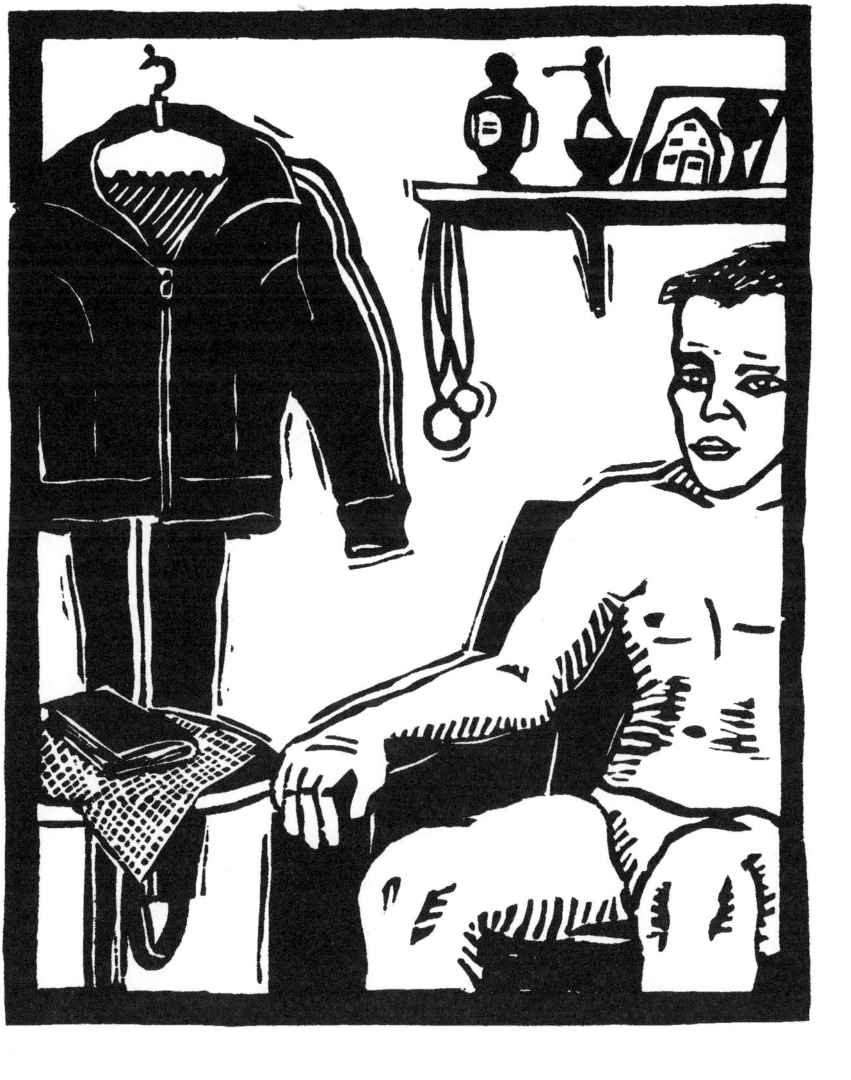

Der Westen ist hart

Frankfurt/Oder war eine andere Welt, als ich 1990 die kleine Trainingsgruppe um Henry Maske und Axel Schulz besuchte. Auf dem Markt verkauften gerissene Westler den Eingeborenen furchtbare Lederjacken aus winzigen, zusammengenähten Fetzen. Auf den Straßen brachen die ersten gebrauchten Golfs und Audis in die knatternde Phalanx der Trabis ein. In diesem Durcheinander imponierte mir Henry durch seine ungewöhnliche Zielstrebigkeit. Vielleicht hat er, so wie zwischen den Seilen, einfach antizipiert, was demnächst geschehen würde. Jedenfalls erlebte das Profiboxen durch seinen Aufstieg zur gesamtdeutschen Sportikone eine heftige Renaissance. Jahre später spielte ich in Las Vegas den Übersetzer, als ihn ein amerikanischer Kollege für eine Story in »The Ring« interviewte. Sowas hat es davor seit Mildenberger nicht gegeben.

Im Hinterraum vom *Schwarzen Schaf* im Düsseldorfer Stadtteil Derendorf sind schon die Tische zusammengestellt. Es ist Ende Mai 1990 und noch zwei Tage hin bis zum nächsten Boxabend in der Philipshalle, für den der Veranstalter zur Pressekonferenz getrommelt hat. Und da sitzt er nun ganz aufrecht zwischen der im Luden-Look geputzten bundesdeutschen Boxszene, während sie in Bonn und Ost-Berlin noch über den Staatsvertrag und den Zeitpunkt der Währungsunion debattieren. In seinem Halbarm-Hemd mit den Schulterklappen, das nach Pilot ausieht und Militär, hat er die Ellbogen fest auf die Tischkante gepflanzt. So schaut er aus gar nicht unfreundlichen Augen auf die neue Umgebung. Erstmal studieren, erstmal kommen lassen.

Nicht, dass sich Henry Maske bei seinem ersten öffentlichen Auftritt im westdeutschen Profigeschäft keine Mühe gäbe. Im Gegenteil: Einmal aufgefordert, spricht er ruhig und gelassen von »erster Orientierung«, von »jute Leistung zeijen« und von »langfristijem Aufbau«. Ruhig und gelassen beantwortet er auch die wenigen, zögernd eintreffenden Fragen. Es ist nur, dass er so gar nicht hierhin zu passen scheint mit seiner gewissenhaften, zurückhaltenden Art und dass er den Herren mit den Spiralblöcken da vor ihm so wenig von dem Stoff geben kann, nach dem sie suchen.

Ob er denn irgendwelche Hobbies hätte, versucht es einer noch kurz vor Eröffnung des Buffets. »Höchstens meine Familie«, sagt Henry Maske, »aber die kann ick schlecht als mein Hobby bezeichnen.« Dann stellt er sich kerzengerade in die Schlange der Hungrigen, hinter die Rene Wellers und Markus Bots dieser Welt, und erwartet geduldig sein Stück aus dem Braten.

Nein, fette Schlagzeilen liefert dieser Mann vorerst nicht; es sei denn eines Tages im Ring, durch sportliche Leistung. Zwar gilt der Olympiasieger aus der Noch-DDR schon heute als ein Anwärter auf höchste internationale Titel im Halbschwergewicht. Im Augenblick aber steht Henry Maske erst am Anfang einer doppelten Metamorphose, die scheinbar ganz einfach zu durchlaufen ist. Er ist doch nur Profi geworden in der Sportart, die er seit zwanzig Jahren schon mit großem Erfolg als Staatsamateur betrieben hat. Und er ist nun eben gesamtdeutsche Hoffnung für beide Teile jenes Landes, das ohnehin bald eins sein wird.

Aber die Wörter und Sätze, die der Mann aus Frankfurt/Oder hier in Düsseldorf ablässt, kommen nur ihrer äußeren Form nach aus der gleichen Sprache. Sie wirken seltsam, bedürfen der Interpretation. Und so ist es auch, wenn man den Zeichenvorrat des Amateurboxens ins Profigeschäft überträgt. »Natürlich schlagen die da auch nur linke und rechte Gerade«, weiß Maske, »aber es gehört noch enorm viel mehr dazu.« Die größere Physis für bis zu zwölf Runden etwa oder die kleinen Tricks im Seilgeviert, aber nicht nur das. Das gesamte öffentliche Auftreten vom Gang aus der Kabine bis zum Jubeln, »das ganze Drum und Dran«, wie Trainer Manfred Wolke sagt, muss sitzen. »Das muss alles rein in den Mann«, so Wolke, »bis das Natur wird.«

Bis vor wenigen Monaten noch hat Maske als Offizier der Nationalen Volksarmee (NVA) für die Fahne der DDR geboxt, mit der bei den Drei-Runden-Kämpfen der Amateure gebotenen Hatz. »Dreimal drei Minuten bloß gegen diese Punktmaschine, und dann gucken sie drauf und sagen, du musst noch mehr schlagen, noch mehr schlagen!« Nun hat er im März dieses Jahres, noch vor den ersten freien Volkskammer-Wahlen, einen Profivertrag im Westen unterschrieben. Und jetzt soll er auf einmal für sein eigenes Wohl und das des Promoters kämpfen, soll haushalten mit seinen Energien, soll schwächere Gegner stärker aussehen lassen und seine Siege dem Publikum »verkaufen«. Doch Maske fühlt noch als Facharbeiter, nicht als Showstar, und das ist ein Problem.

Bei seinem Profidebüt vor drei Wochen, das man bewusst etwas abseits in London steigen ließ, hatte er seinen Gegner, einen übergewichtigen Mexikaner namens Teo Arvizu, nach gut fünfzig Sekunden der ersten Runde ausgeknockt. Das war ihm einfach so passiert, ganz ohne Absicht, und wenn er heute davon erzählt, spürt man das aufrichtige Bedauern über eine ausgefallene Generalprobe. Er hatte doch nur gute Arbeit abliefern wollen und war auf einmal schon viel zu gut. So wie er auch in Düsseldorf auf seine Art wieder viel zu gut sein wird.

Die Philipshalle ist mit 2.000 Zuschauern mäßig gefüllt, als Maske in einer ärmellosen Kapuzenjacke aus weißem Frottee zum zweiten

Kampf des Abends geführt wird. Sie sollen den »weißen Tiger« sehen, wie man zu schreiben beginnt, nicht einfach nur den Henry. Aber noch tänzelt der Tiger nicht auf seinem Gang zum Ring, noch macht ihn auch die Heavy-Metal-Musik beim Einmarsch nicht weiter gefährlich. Noch ist er eher der zuverlässige Henry auf seinem Weg zur Arbeit.

Erst mit dem Gongschlag bekommt er etwas Eleganz. Mit geschmeidigen Bewegungen durchmisst er den Ring, kontrolliert den Kampf mit dem humorlosen Blick höchster Konzentration. Sein Gegner, Mike Aubrey aus England, ist eine Nummer besser als der davor. Er versucht Maske zu attackieren, geht aber ebenfalls noch in der ersten Runde nach einem harten Körpertreffer zu Boden. Doch im Unterschied zum Mexikaner steht Aubrey wieder auf, und das ist fast noch schlimmer. Von nun an muss Maske, als Amateur eher ein Konterboxer, sieben weitere Runden gegen eine völlig geschlossene Deckung anboxen.

Darüber wird es unheimlich leise in der Halle. Einige Runden lang folgt die Meute in den Rängen Maskes Boxkunst mit der stummen Andacht von Ahnungslosen, die einer fachmännisch ausgeführten Arbeit beiwohnen. Dann setzen allmählich Pfiffe und Rufe ein, die bis zum Schlussgong nicht mehr verstimmen. Der Brite soll bluten und fallen, aber er fällt nicht und hat nur ein zugeschwollenes Auge. Am Ende gewinnt der Gesamtdeutsche einfach nur haushoch nach Punkten.

Hinterher steht der Sieger frisch geduscht im Adidas-Anzug an der Sekt-Theke und rast mit dem Filzstift über die Autogrammkarten, die man ihm hinhält. Unter den für die Fernsehkameras errichteten Scheinwerfern haben sich Schweißperlen auf dem unversehrten Gesicht gebildet, mehr vielleicht als während des Kampfes. Doch er lächelt und redet und schreibt immer weiter, bis auch der letzte, der das will, ein Autogramm von ihm hat. Denn das Publikum ist das Volk, und das Volk bezahlt einen am Ende immer – in Cottbus und Jena wie in Düsseldorf.

Und nicht, dass Henry Maske sich keine Mühe gäbe. Im Gegenteil.

Vielleicht war das alles in den letzten beiden Oktoberwochen 1989 ins Rollen gekommen, als Henry Maske noch als Vorzeigeathlet der DDR-Boxstaffel in einem Hotelzimmer in Manila festsaß. Damals hatte er gerade wieder eines der großen Amateurbox-Turniere gewonnen, was für ihn fast schon *noblesse obligue* geworden war. Angefangen mit der Kinder- und Jugendspartakiade (1977) über die Europameisterschaften (1985, '87 und '89) und den Weltmeistertitel (1989) bis zum Olympiasieg in Seoul(1988) hatte Maske ja schon alles geholt, was ein Boxer für sein Land nur holen kann. Darüber war das Siegen »völlig normal« geworden, denn »das hat ja jeder erwartet«. Und mehr als einmal hatte er sich zuletzt gefragt: Was machst du, wenn du nächstes Jahr mal 'ne Niederlage hast?

Nun hockte er da in seinem Zimmer vor dem Fernseher, weil die ganze Staffel wegen der Bürgerkriegs-Unruhen auf den Philippinen nicht heimreisen konnte – dorthin, wo es ebenfalls schon brodelte. Maske hatte über seine Botschaft von den zu Abertausenden flüchtenden DDR-Bürgern gehört und sah derweil die Kämpfe, die das philippinische Fernsehen täglich von irgenwelchen Arenen in der Welt übertrug. Kämpfe aus Südamerika, Europa und den USA. Da fand er das ganze Drum und Dran, das er selbst oft so linientreu als »menschenverachtend« gegeißelt hatte, auf einmal »unwahrscheinlich«. Und er begann, sich mit den Akteuren auf dem Bildschirm zu vergleichen: »Irgendwo sagte man sich, Mensch, du bist fleißig, du bist willensstark – das könnteste auch erreichen!«

Dazu kam, dass Manfred Wolke, sein Vertrauter und Trainer, ein Zimmer weiter den gleichen Kitzel bekam. Der Olympiasieger von 1968 hatte bei internationalen Turnieren schon dreißig Medaillen nach Hause gecoacht. Die absolute Spitze aber war für ihn schon seit längerem nur bei den Profis zu erreichen. »Da steckt ganz einfach mehr Gründlichkeit dahinter«, sagt er heute, »mehr Aufwand und mehr Arbeit. Wer da ganz nach oben will, muss gut ausgebildet sein.« Und da sei er nun stärker geworden, »dieser Reiz, würd ick den rinkriejen in die Weltspitze«.

Als Maske und Wolke dann mit den anderen endlich zurück waren, hatten sich die Verhältnisse in der DDR schon weiter verändert. Aber dass bald die Grenze fallen sollte und damit auch die letzte Hürde vor ihrem heimlichen Traum, sagt Maske, »sowat hatten wir ja gar nicht einjeplant... Ich hab doch in sechsundzwanzig Jahren nie 'ne offene

Grenze erlebt.« Politisch besonders versiert, gar zum Sich-Auflehnen oder Sich-Absetzen entschlossen war der Sohn eines Kranführers aus Treuenbrietzen nie. Eher der kleine Bürger, der sich ohne Identifikation mit den Verhältnissen arrangiert: »Wir wurden ja immer als ›Diplomaten im Trainingsanzug‹ dargestellt, aber so habe ich das eigentlich nie gesehen.«

Immerhin hatte Maske am 9. November noch mit seiner Teilnahme an einem Podiumsgespräch seine gesellschaftliche Pflicht erfüllt, als er unmittelbar danach von der Öffnung der Grenze erfuhr. Da wurden sie nun endgültig »angeschubst, selbst mal konkreter in diese Richtung zu denken«. Und während bald darauf zwischen Bonn und Berlin die Delegationen und Depeschen hin und her gingen, setzten sich in Brandenburg und anderswo zwei vom Dienst suspendierte Volksarmisten mit Vertretern des westdeutschen Kapitals zusammen. Darunter auch mit Wilfried Sauerland, dem in der Schweiz ansässigen Box-Promoter, der die beiden genauso dringend brauchen konnte wie diese ihn.

Mehr als zehn Jahre lang hatte der Exportkaufmann einen Teil seines Geldes in das Profiboxen gesteckt. Und nur zu oft war er enttäuscht worden von Sportlern, die nicht nach dem Sport lebten und ins Milieu abwanderten. So hatte Sauerland nach dem zwischenzeitlichen Fall seines ehemaligen Weltmeisters Graciano Rocchigiani gerade Schluss machen wollen mit dem teuren Nebengeschäft, als er auf Maske und Wolke traf. Die beiden Ostdeutschen waren ihm auf Anhieb »ungemein sympathisch«. Maskes filigrane, den Gegner auf Distanz haltende Boxtechnik erinnerte Sauerland zudem an das Ideal der edlen Faustfechtkunst – und an die Zeiten eines Bubi Scholz und den von respektabler Prominenz gesäumten Ringen, wo Profiboxen ein gesellschaftliches Ereignis war. Ein integrer Mann wie Maske, der seine Fäuste zum Wohle der Kleinfamilie erhebt, könnte das alles vielleicht ins Heute zurückholen. »Beim Henry habe ich in keiner Sekunde die Befürchtung, dass der hier mal abrutschen könnte«, sagt Sauerland.

In Düsseldorf hat der Boxer seinem Manager gerade erst wieder einen Beweis für seine redliche Art geliefert. Da waren sie vor dem Kampf gegen Aubrey gemeinsam über die Königsallee marschiert, rauf und runter und wieder rauf, bis der Henry endlich eine Lederjacke gefunden hatte, die nicht nur gut ist, sondern auch preiswert. Der BMW, den Sauerland ihm über einen Sponsor vermittelte (»Ich konnte nicht länger mit ansehen, wie die im Trabbi vorfuhren«), ist Maske eher unangenehm; er hätte viel lieber erst mal einen Golf gehabt. Und während jeder namenlose Rahmenkämpfer für sich mindestens zehn Freikarten verlangt, besorgt der Henry nur eine für seinen Vater – vom eigenen Geld, im Vorverkauf.

Nein, so einer sucht nicht nach Symbolen für seinen neuen Status. Nüchtern und bescheiden zu bleiben, dabei sparsam und ehrgeizig bis zur Pedanterie, sind seine aus preußischem Sozialismus und Kleinbürgertum kombinierten Tugenden, mit denen er der neuen Situation entgegentritt. Zu Hause hat es früher gegen Monatsende oft nicht mehr die dicksten Brotscheiben gegeben, erinnert er, und manches Weihnachten waren die Geschenke eben kleiner ausgefallen. Aber »der janz normale Stolz, den jeder haben sollte«, sagt er, sei ihm immer geblieben.

Bald nach Unterzeichnung des Profivertrags ist Maske mit Manager, Trainer und Frau nach Florida geflogen, um dort einen WM-Kampf zu sehen, ein wenig zu sparren und ansonsten einfach auszuspannen. Was er dabei von Städten wie Tampa gesehen hat, sagt er, sei »teilweise schon Wahnsinn« gewesen. Aber weder solche Skylines noch das Niveau der Profibox-Kämpfe dort haben ihn sonderlich beeindrucken können: »Ick bin nich mit offenem Mund da rumjelaufen.« Wenn er als Staatsamateur je ein Privileg hatte, so war es doch die Möglichkeit, durch die Reisen herauszufinden, dass der Westen nicht nur golden glänzt. »Für den, der in der Lage ist, etwas zu erreichen«, schätzt Maske, »ist es viel gerechter. Wer aber nicht dazu in der Lage ist, warum auch immer, wird links liegengelassen.«

Henry Maske weiß, dass es für ihn »gerechter« werden wird. Er ist auch bereit, eine Menge, nicht alles, dafür zu tun. Die großen Sprüche etwa, wer denn hier wen umhauen wird, also er den »Rocky« oder »Rocky« ihn, die überlässt er aus Überzeugung anderen. »Ick saje, ick muss noch jewisse Dinge lernen, die im Profiboxen dazugehören«, so Maske. »Die Vermarktung, das Umfeld, ganz sicher. Aber deswegen muss ick mein Gesicht nicht verlieren.«

Gut drei Monate nach dem Kampftag in Düsseldorf steigt der Neuprofi Maske wieder in den Ring. Inzwischen haben Kohl und de Maiziere in Berlin den Einigungsvertrag unterzeichnet, und »Rocky« alias Graciano Rocchigiani ist vorläufig auf freiem Fuß und wieder fit. Kein Zweifel – dieser Boxabend muss einfach in Berlin stattfinden, diesem aggressiven, randvollen Umschlagplatz der Nöte und Begierden. Knapp zweitausend »Ossies« und »Wessis« parken am 7. September 1990 mit ihren alten Rostlauben und frisch angezahlten Limousinen halb Charlottenburg zu, um am Eingang zur *Sömmering-Halle* bei strömendem Regen Schlangen zu bilden, wie man sie hier sonst nur vor den Aldi-Läden sieht.

Maske tritt wieder im ärmellosen weißen Sweater auf, etwas zu pünktlich für den Lichtkegel und den Einsatz der Musik. Sein argentinischer Gegner Jorge Salgado ist mit 35 Jahren und knapp 200 Kämpfen ein Ringfuchs, halb ausgebrannt schon und halb noch gefährlich. Maske wird den Wechsel von Aktionen und Pausen diesmal geschickter setzen, wird mit präzisen Kombinationen in den Mann gehen und gleich wieder von ihm weg. Aber auch diesmal muss sein Gegner noch in der ersten Runde Zeit nehmen, und schon ist dieser gewisse Druck wieder da, dieses »Henry-mach-ihn-platt« von den Blutleckern ringsum. Und als etwas später der einstimmige Punktsieg bekanntgegeben wird, mischen sich Pfiffe unter den verhaltenen Beifall.

Später folgt dann der Hauptkampf mit Rocchigiani und eine Demonstration, wie man es wirksamer macht. Da lässt sich »Rocky« zwei Runden lang von einem gefährlich aussehenden Kahlkopf aus Uruguay wild attackieren, bevor er ihn in Runde drei knallhart auskontert bis zum spektakulären Abbruchsieg. Und dann stehen sie auf den Stühlen, und die Halle bebt vor lauter Rufen: »Ro-cky, Ro-cky!«

Hinterher ist Henry Maske nicht ganz zufrieden. Sicher, er hat seinen Gegner »konzeptionell in die Ecke jestellt«, wie Trainer Wolke das nennt, und dafür haben sie ihn respektiert. Gefeiert und geliebt aber haben sie »Rocky«. Dabei ist dem Henry dieser Kahlkopf aus Uruguay schon beim gemeinsamen Sparring ganz früh konditionell weggebrochen. Aber das ist nur die Wahrheit, und wen interessiert die schon?

Die Frage ist für Maske: »Warum steig ick da gleich so schnell rüber bei meinem Mann?«

Das muss eben alles »noch'n bisschen einjeordnet« werden, sagt Maske; da müsse er in Zukunft auch mal, »ick sage det ganz ehrlich, taktisch denken«. Aber wie schnell kann einer aus seiner Haut und in eine andere? »Die zwanzig Jahre als Amateur«, weiß Maske, »die gehen nicht spurlos an einem vorbei.«

Vier Tage später boxt Henry Maske daheim in Frankfurt/Oder schon wieder Schatten. In dem neu eingerichteten Trainingsraum an der *Camid-Halle,* auf dem von Ruß und alten Gleisen gezeichneten Gelände der Reichsbahn, studiert er eifrig Schlagkombinationen ein. Mal kurz und trocken, dann wieder langsamer und weich haut er zwölf Stunden lang »immer rin det Ding«, wie Trainer Wolke sagt, »bis zum Erbrechen«. Eigentlich ist so ein Training eher »wat für Hänschen«, sagt Wolke. Der Wechsel zu den Profis aber hat eine erneute Schlagschulung erfordert, denn die gute Physis des Amateurs allein reicht hier nicht aus. Man müsse den Muskeltonus für die eigene körperliche Anspannung niedrig halten, sagt Wolke, und »ohne Muskeln hart schlagen«, um zehn bis zwölf Runden zu gehen. »Wer bei den Profis noch verkrampft steht, der ist bald energetisch verbraucht.« Der »Henny«, wie Wolke ihn nennt, soll also locker werden, denn alles andere kann er schon.

Am Morgen hat Maske die Langhantel gestemmt, mittags ist er gelaufen. Dies ist nun schon die dritte Einheit am Tage und weiter nichts Ungewöhnliches für ihn. »Fleiß und Notwendigkeit, sich selbst zu quälen, wenn es sein muss«, diese von Kanzler Kohl unlängst bei einer Wahlrede in Halle eingeforderten Tugenden – Henry Maske hat sie. Wenn andere ihrer Freizeit nachgingen, hat er schon als junger Pionier drei- bis viermal die Woche geschwitzt. Und während die anderen, höher Veranlagten später abgefallen sind, hat er immer weiter zugelegt. »Ick war kein Bewegungstalent, ganz sicher nicht«, sagt Maske. »Ick war eher 'n Arbeiter, bin's heute noch.«

Hinzu kam die Beharrlichkeit von Trainer Wolke, dem er mehr verdanken will als dem Verband oder dem Staat. Nur durch Wolke, sagt

Maske, sei er soweit gekommen. So sind sie zu einer »echten Einheit« verwachsen, hätten ohne den anderen nie diesen Schritt gewagt. Längst nicht alle bei ihnen hatten ihn gleich akzeptiert. »Teilweise wurde verstanden«, so Maske, »teilweise wurde brutal jewertet. Leute, die mir bisher die Hände geschüttelt hatten, guckten mich nicht mal mehr mit dem Hintern an.«

Die Funktionäre vom DDR-Boxverband warfen mit dem trockenen Lehm alter Parteiparolen, die Journalisten vor Ort stießen hinterher. Wenn er genug Geld dafür bekäme, schrieb der Boxexperte vom lokalen »Neuen Tag«, würde Maske wohl auch vor zehn Eskimos auf Grönland boxen. Am nachhaltigsten aber traf beide die Reaktion des Armeesportklubs in Frankfurt/Oder, der ihnen fünf Tage vor Maskes Profidebüt in London den Zutritt zur Halle verbot.

Inzwischen ist von der obersten Riege des Boxverbands kein einziger Funktionär mehr übriggeblieben; alle haben einen Posten im Westen. Der »Neue Tag« heißt nun »Märkische Oder-Zeitung«. Sein Boxexperte ist neulich beim Training aufgetaucht und hat um Nachsicht für »frühere Missverständnisse« gebeten; er müsse ja auch erstmal »umlernen«. Und längst haben sie hier auf dem Bahngelände mit Mitteln des Sponsors und des Promoters diese eigene Trainingshalle ohne überflüssige Extras errichtet. Es könnte samt Duschen komplett fertig sein, sagt Wolke, würden die Handwerker nur auch schon nach West-Standard rackern – so wie sie.

Trotzdem ist das für Maske bereits »'n Bombenjefühl, dass es unsere Halle ist. Dass wir nicht mehr abhängig sind von irgendwelchen Entscheidungen, die über unsere Köpfe hinweg jetroffen werden.« Früher ist er zwei Drittel des Jahres in Trainingslagern gewesen, nicht zuletzt »weil sie uns nicht zujetraut haben, dass wir uns zu Hause vorbereiten«. Und wenn er dann zurück war, haben sie ihn zugeschmissen mit dem Sportstudium. »Dieser Druck, du musst dies, du musst das und und und« – vielleicht, überlegt er, ist daran auch seine erste Ehe zerbrochen.

Nun ist Maske im Urlaubssemester und kann sich ganz auf das Boxen konzentrieren; »Das ist nämlich auch 'n Studium.« Dazwischen aber hat er jetzt genügend freie Stunden und Wochenenden für seine zweite Frau Manuela. Wie ihm überhaupt immer wieder neue Gründe dafür einfallen, dass dieser Wechsel richtig war – ganz der zur Hälfte zufriedene Kunde, der mit seiner neuen Anschaffung unter dem Arm in alle anderen Läden schaut, um nichts Besseres darin zu finden.

Immerhin ist Maske dageblieben, in der Mietwohnung im 15. Stock der Siedlung *Sperlingslust.* Sicher, Düsseldorf, London oder Gstaad, »das wirkt natürlich ganz anders, ist schon klar. Aber dass ick da wohnen möchte, so ist es eigentlich nicht.« Warum denn die sichere Deckung der vertrauten Umgebung ohne Not vernachlässigen? »Außerdem«, sagt er, »hat man irgendwo ja doch Angst vor dem Fremden.«

Seine Welt ist eben hier, und ganz allmählich wird auch die, genau wie er, mit der Zeit gehen. Schon tauchen am Bahnhof, wo früher Bananen fehlten, heute plötzlich Kiwis auf, und wo die Bank für Landwirtschaft war, ist inzwischen Schwäbisch Hall. Wenn auch in den Cafes und Restaurants bisher nur die Preise davonrennen, während die Bedienungen weiter schleichen. Wenn auch der Hausmeister Maske das Anbringen einer Parabol-Antenne auf dem Dach des Hochhauses einstweilen mit den alten Vokabeln vom »Schaden für die Allgemeinheit« und einem Haufen Antragspapiere einstweilen verwehrt. Henry Maske kann das aushalten, kommt es ihm darauf allein doch nicht an.

»Ick sage ganz ehrlich: Ob ich nun solche Butter habe oder solche, da werden noch ganz andere Dinge auf mich einstürmen.«

Bis zum Dezember des Jahres hat Maske noch zwei weitere Boxkämpfe bestritten. Ihre Chronik ist schnell erzählt. Zwei Tage nach dem Jahrestag der Wiedervereinigung, am 5. Oktober, besiegt Maske in Düsseldorf den US-Amerikaner Mike Brothers durch K.o. in der zweiten Runde. Der Mann aus Chikago ist schon vor dem endgültigen Aus bei jedem Wirkungstreffer zu Boden gegangen, und nicht nur das Publikum ist hinterher enttäuscht. Auch Maske und Wolke sind unzufrieden mit diesem Kampf, der zu kurz und zu ungleich war für neue Erkenntnisse.

Am 31. Oktober siegt Maske in London über den farbigen Briten Cordwell Hylton durch technischen K.o. in Runde 3. Nach diesem Sieg, seinem fünften im fünften Kampf, wird er erstmals in der europäischen

Rangliste geführt. Er selbst spricht von seinem bisher besten Gegner, sein Trainer vom bisher besten Kampf. »Das Bild hat sich gewandelt«, bilanziert Wolke. »Er baut den Kampf jetzt schon viel ruhiger und sukzessive auf. Die Hatz der Amateurkämpfe geht langsam weg. Er ist jetzt in der Lage, mal einzusteigen, hinterherzusteigen, und die Bewegungen sind schon viel runder.«

Auch sonst wirkt Maske längst nicht mehr so eckig wie noch vor Monaten. Der Gang ist entspannter, der Blick nicht mehr ganz so reserviert. Manchmal gelingt es ihm schon, herzlich zu lächeln und einfach mal drauflos zu reden. Eine Anlaufschwierigkeit wahrscheinlich, denn »ick brauche selber das Jefühl, jemocht zu werden«.

Henry Maske ist spürbar zufrieden, wenn auch in seinem Frieden noch nicht komplett. Wie könnte er das so schnell auch? »Richtig zufrieden bin ich wahrscheinlich erst, wenn ich Weltmeister werde«, sagt er. »Aber dann wird's ja noch schlimmer, weil ich dann der Gejagte bin.«

In seinem 20. Profikampf wurde Henry Maske im März 1993 Weltmeister. Erst bei seiner 11. Titelverteidigung, im November 1996, verlor er den Titel an Virgil Hill. Es war die erste Niederlage seiner Profi-Karriere – und bis heute sein letzter Kampf.

Das Zimmer nebenan

Als ich bemerkte, dass Frankie Minton in meinem Hotel das Zimmer nebenan hatte, sagte mir ein guter Geist: »Das ist die Gelegenheit! Näher wirst du dem Boxgeschäft vielleicht nie kommen.« Ich war wegen der Weltmeisterschaft zwischen Virgil Hill und Henry Maske in München, aber was galten mir die großen Namen jetzt noch im Vergleich mit diesem Mann? Mr. Minton hatte bisher in 60 Profikämpfen gerade 28-mal gewonnen und zweimal ein Unentschieden erreicht. Ansonsten war er immer der Verlierer gewesen. Zum Beispiel im Oktober 1990 in Bismarck/North Dakota gegen Virgil Hill (K.o. in Runde 9) und im Oktober 1992 in Berlin gegen Henry Maske (K.o. in Runde 2). Nun war der Mann, der diesen und anderen Champions zu ihren imponierenden Kampfrekorden verholfen hatte, wieder auf der »Undercard« – kurzfristig eingesprungen, um heute Abend acht Runden mit dem deutschen Supermittelgewichts-Meister Norbert Nieroba zu gehen.

Wusste er wenigstens, dass Nieroba ein ekliger »Southpaw«, also ein Rechtsausleger, war? Auf dem Flur zu unseren Zimmern, wo ich ihn ansprach, schaute mich Frankie Minton ausdruckslos an: »A Southpaw?« Aber er war nicht an einem Gespräch über seinen Gegner interessiert. Er wollte heute Abend in diesen Ring steigen, es hinter sich bringen und am nächsten Morgen zurück nach Indianapolis. Vielleicht, sagte er zum Schluss noch, würde er morgen früh mal an meine Tür klopfen für eine kleine Unterhaltung. Dann ging er in sein Zimmer, um sich noch ein paar Stunden hinzulegen. Er hatte keinen Trainer, keinen Manager oder sonstwen dabei. Und wie es in München aussieht, interessierte ihn nicht.

Der Rest war eine sehr umständliche, aber gewohnte Art, sich zweitausendfünfhundert Dollar abzuholen. Fremde Gestalten beugten sich am Abend über Frankie, nachdem sein Gegner ihn in Runde 5 zu Boden geschickt hatte. Fremde Hände mit Handtüchern und ein paar gutgemeinen Klapsen auf seinen noch immer austrainierten Oberkörper machten an ihm rum. Am nächsten Morgen aber war der Mann aus Zimmer 210 ohne zu klopfen abgereist – mit einer Niederlage mehr im Kampfrekord und einem Bündel Dollarscheine in der Tasche, die sich beruhigend anfühlten. Nicht weiter tragisch: Er hatte mir alles, was ich wissen wollte, bereits erzählt.

Frankie Minton bestritt nach seinem Auftritt in München bis 1998 noch zwei weitere Kämpfe. Beide verlor er vorzeitig.

RUNDE 4

Beinhart

Wenn man so einen Kerl für einen Roman erfindet, glaubt einem keiner. Als real existierende Person des öffentlichen Interesses aber war Craig Bodzianowski einfach unschlagbar. Sein Versuch, mit einer Beinprothese regulärer Weltmeister zu werden, führte mich im Sommer 1990 in den Dschungel der Vorstädte im Süden Chikagos – und dann nach Seattle, wo Craig wie die nächste Sensation herumgereicht wurde. Er selbst stand dem ganzen Treiben unbeeindruckt gegenüber. Einmal fragte ihn ein Radioreporter, was er denn von dem schönen Seattle alles schon gesehen habe. Craig konterte, er sei nicht zum Sightseeing hier, sondern *for kickin' ass.* Im Titelkampf quälte er sich ohne Chancen und mit zwei gebrochenen Rippen über die volle Distanz. Es war ein Scheitern in voller Würde. Als ich ihn in seiner Kabine Blut spucken sah, war ich nah am Heulen.

»Man lebt in der Dunkelheit, man will beleuchtet werden, selbst wenn man später ins *Dunkel und in die Vergessenheit zurückfällt.«*
(Eduardo Arroyo)

Als Craig Bodzianowski an einem lauen Frühsommertag 1984 auf seiner Kawasaki durch Olympia Fields fährt, einen der vielen Vororte im grünen Süden von Chikago, hat er den Wind eines bisher fast ungetrübten Erfolges im Rücken. Hinter ihm sitzt Elizabeth, die neueste Ausgabe in einer Reihe von Eroberungen, die dem 24-jährigen gutaussehenden Athleten nicht schwerfallen. Hinter ihm liegen auch mehrere Amateurmeisterschaften im Boxen und ein Kampfrekord von 13-0 als Profi, den er auszubauen gedenkt. Craigs Manager und väterlicher Freund, der Restaurantbesitzer Jerry Lenza, ist gerade nach Atlantic City geflogen, um mit einem der erfolgreichsten Promoter über einen Kampf gegen einen gewissen Mike Rossman zu sprechen. Rossmann ist ein ehemaliger Halbschwergewichts-Champion, und das würde nicht nur Craigs bisher größten Kampf bedeuten. Es wäre auch sein erster, den das Fernsehen live in alle Staaten überträgt.

Aber nicht Rossman, sondern eine 84-jährige Frau in einem Buick wird der erste Mensch, der den bisher ungeschlagenen Boxprofi entscheidend stoppt.

Die alte Dame fährt an diesem 31. Mai vor jenem Motorrad her, das Craig ohnehin selten benutzt hat. Weil Jerry das Ding für einen Profisportler zu gefährlich fand und er selbst kaum Zeit dafür hatte, stand die Kawasaki 440 schon seit Monaten mit einem »For sale«-Schild vor dem Haus seiner Eltern. Nun hat sich endlich ein Interessent gefunden. Craig nimmt Elizabeth auf der letzten Tour mit zu einem Freund, als der Buick vor ihnen wie zum Anhalten an die rechte Seite fährt, um dann jäh nach links abzubiegen. Craig, der ihn gerade passieren wollte, kann nicht mehr bremsen und knallt mit der rechten Seite gegen den Kotflügel des Wagens. Die Maschine, Elizabeth und er werden zu Boden geschleudert.

Zweimal versucht Craig vergeblich, wieder aufzustehen. Dann erst schaut er an sich hinunter und sieht sein rechtes Bein in einem Klumpen aus Fleisch und Knochen enden. Der Schock betäubt seinen

Schmerz; alles, was er denken kann, ist, dass dies eine ernsthafte Verletzung sein muss.

Sechs Jahre später fährt Craig Bodzianowski an einem ebenso lauen Frühsommertag wieder durch Olympia Fields. Keine Unsicherheit war in seinen Bewegungen, als er mit entschlossener Vehemenz in den Ford Bronco sprang. Und nicht die Spur einer Beklemmung, während er in die Nähe der fatalen Stelle fährt. Hier die Straße weiter rein, sagt er, sei das damals geschehen. Dann beschleunigt er ungerührt, denn er hat weder zu viel Zeit noch Grund für ein ungutes Gefühl.

Es ist der Sommer der Zikaden und ein in jeder Hinsicht besonderes Jahr. Alle 17 Jahre nur, so heißt es, schlüpfen die Exemplare der fast fledermausgroßen Art um Illinois, um dann für den einzigen Tag ihres Lebens die Büsche und Bäume der Gegend zu befallen. Und wie viele Tage gibt es im Leben eines Boxers, um Champion zu werden? Craig Bodzianowski ist unterwegs in Richtung seines Gyms in Little Italy, um sich für einen Weltmeisterschaftskampf vorzubereiten. Sein Tag ist der 19. Juli, an dem er versuchen wird, Robert Daniels, den amtierenden Titelträger der WBA (World Boxing Association), zu besiegen.

Knapp drei Wochen lang noch wird Bodzianowski all die Vorbereitungen durchlaufen, die für jeden Boxer vor solch einem Kampf obligat sind. Dass es in seinem Fall aber überhaupt bis zu diesem Titelkampf gekommen ist, macht das Kaliber des Mannes aus und seinen Stolz. »Nach dem Unfall sagte mir jeder, ich könnte nie wieder boxen«, erzählt Bodzianowski. »Die Ärzte sagten es, alle. Gesunde Leute, die alles haben, zwei Arme und zwei Beine, sagten mir: Du kannst es nicht schaffen, niemals! Aber ich wusste, ich würde es können. Denn geistig und körperlich war ich stark genug dafür.« Und wie ein Reiter die Flanke seines Pferdes tätschelt, klopft er sich gegen das Hosenbein, dass es dumpf nachklingt: »Ich denke, dass es mir gehört. Ich denke, es ist echt.«

Seit seinem Comeback im Dezember 1985 hat Bodzianowski 14 weitere Boxkämpfe mit dem »Seattle Foot« bestritten, einer für extreme Belastungen verstärkten Beinprothese. Sein Kampfrekord ist dabei auf 24-3-1 (drei Niederlagen, ein Unentschieden) geklettert. In den Weltranglisten für das Cruisergewicht, der unter dem Schwergewicht liegenden Klasse bis 86,2 Kilo, wird er von der renommierten WBA auf Platz 9 geführt. Nein, dies ist keine Freakshow, wie Skeptiker geargwöhnt hatten. Und »wer auf mich trifft und denkt, ich hätte nur ein Bein, bekommt ein Problem«.

Wenn auch hartnäckige Kritiker einige seiner Gegner als »Dosentomaten« abtun und darauf verweisen, dass er bis auf eine Ausnahme keine Weltklasseleute geboxt habe, so trifft ihn selbst daran keine Schuld. Oft genug haben Bodzianowski und sein Manager Schwierigkeiten, überhaupt akzeptable Gegner aufzutreiben. Craig jedenfalls hat nie einen »big name« gescheut, denn freiwillig jemandem aus dem Weg zu gehen, liegt nicht in seiner Natur. Und sind die Kampfrekorde der anderen nicht auch zum guten Teil auf »Dosentomaten« aufgebaut?

All das aber würde jetzt gegenstandslos werden, denn wie jeder Boxer von Champion-Kaliber ist Bodzianowski fest davon überzeugt, dass er seinen nächsten Kampf gewinnen wird. Der Weltmeistergürtel würde die restlichen Zweifel hinwegfegen. Er wäre das letzte schlagende Argument für seine These, »dass man erreichen kann, was immer man will«.

Craig dreht das Radio auf und tritt das Gaspedal durch, denn »Drive« ist die Dauereinstellung in seinem Leben, nach wie vor. Er hat bloß einen Umweg aufzuholen, den ihm das Schicksal vor sechs Jahren auferlegt hat. »Wenn ich diesen Unfall nicht gehabt hätte«, sagt Craig, »dann wäre ich schon vor drei oder vier Jahren Weltmeister geworden.«

Nicht aufzugeben ist eine Tugend, die in der Familie immer schon wie eine Tradition gepflegt wurde. Wenn Craig Bodzianowski und seine drei Brüder aus dem Haus traten, nahmen sie den Stolz des Clans mit in alle Streitigkeiten, die sich für vier kräftige Burschen in einer weißen Working-Class-Nachbarschaft ergeben konnten. »Habt keine Angst, vor niemand«, predigte der Vater ihnen stets. »Ihr kriegt besseres Essen, und ihr habt besseres Blut.« Womit der Patriarch die polnisch-irische Abstammung meinte, die nach seiner Anschauung eine »Kämpferlinie« bildet.

So liegt ein starker Geruch von Darwinismus über dem Haus in Tinley Park, in das der Vorarbeiter Pat Bodzianowski 1963 mit seiner Frau Gloria und den sechs Kindern (zwei davon sind Mädchen) gezogen ist. Der Umzug von der Stadt in den 25 Meilen entfernten Vorort hat dem ehemaligen Amateurboxer den Raum gegeben, den seine Leidenschaft für alles Lebendige braucht. Hunde aller Rassen, Katzen, Ziegen, Tauben und Papageien bevölkern die verschiedenen Ställe rings um das Haus. Im Aquarium schwimmen Piranhas, und als der Alligator sich einsam fühlte, schleppte der Patriarch noch eine Anakonda an. Zu schade, dass das der Hamster nicht überlebte.

Selektion ist für den jungen Craig schon ein vertrautes Prinzip, als der Vater seine Söhne mit Hockeyschlägern auf Kaninchenjagd schickt. Beim Angeln lernt er, die Fische mit den Köpfen gegen einen Stein zu schlagen. Gelegentlich ist er auch dabei, wenn sein Dad mit den Pitbulls zu den illegalen Wettkämpfen fährt. An diesen geheimen Orten erfährt er alles über das Gewinnen und Verlieren. Und sei es ein unter diesem Eindruck gefasster früher Entschluss oder einfach die »Kämpferlinie« – jedenfalls wird es zur Maxime des Sportlers Craig Bodzianowski, niemals aufzugeben.

Das beginnt schon in dem Wohnzimmer, das die Eltern für die ersten Boxkämpfe zwischen ihren und den Jungen der Nachbarschaft freiräumen. Regelmäßig scheitern die Freunde seiner älteren Brüder an der Zähigkeit und Kampfbereitschaft ihres jüngeren, schmächtig wirkenden Gegners. »Sie wollten immer zuerst gegen ihn boxen«, erinnert der Vater, »und danach wollten sie gar nicht mehr boxen.«

Das geht weiter in der High School, wo Craig als Ringer und Mitglied der Football-Auswahl auffällt. Die völlige Abwesenheit von Angst macht »Gator«, wie er wegen des vom Vater auf die Brust tätowierten Alligators genannt wird, zu einer respektablen Größe in so ziemlich jeder Disziplin.

Und das spürt im Box-Gym des *Woodlawn Boys Club* auf der 63. Straße, wohin den 16-Jährigen ein Nachbar schleppt, auch der Stahlkaufmann und Ringrichter Bill O'Connor. O'Connor unterstellt das Talent dem dort trainierenden Coach Nate Bolden, auf dessen eigenem Kampfrekord ein Sieg über Jake LaMotta steht. Unter Boldens unbestechlichen Augen und dem ständigen Bombardement der zumeist schwarzen Sparringspartner reift Bodzianowski zu einem der erfolgreichsten Amateurboxer Chikagos heran.

Ein Kämpfer eher als ein Tänzer, gräbt sich der bullige Athlet schweren Schritts in den Gegner, bis er seine wuchtigen Haken und Uppercuts platzieren kann. In diesem Stil gewinnt Craig 49 von 54 Amateurkämpfe, darunter die Park-District-Meisterschaften und die Chikago Golden Gloves. Und weder in diesen Drei-Runden-Duellen noch in einem der folgenden 13 Profikämpfe gelingt es einem seiner Gegner, Bodzianowski k.o. zu schlagen. Selbst nach schwersten Treffern bleibt der klobige Junge mit den sanften Augen immer stehen.

Als Manager Jerry Lenza aber Anfang Juni '84 aus Atlantic City zurückeilt, ist er davon überzeugt, dass sein Schützling sich von den Folgen des Motorradunfalls nie wieder erholen wird (Elizabeth ist mit ein paar Prellungen davongekommen). Neun Stunden lang haben die Ärzte an Bodzianowskis Bein herumoperiert, ohne dass es in der Woche darauf wirklich besser ausgesehen hätte. Schließlich haben sie ihren Patienten vor die Wahl gestellt zwischen noch mehr Operationen und einem Leben auf Krücken – oder einer Amputation des Unterschenkels. »Adios«, sagte Bodzianowski, »schneidet es ab!«

»Ich dachte, das bringt diesen Jungen um«, sagt Lenza, »das Boxen war doch alles, wofür er lebte.« Nervös und auf ein Drama gefasst, geht der Manager am Morgen nach der Amputation durch die Gänge der Klinik von Olympia Fields. Doch als er die Tür zu dem Zimmer auf der Intensivstation öffnet, sieht er einen gutgelaunten jungen Mann mit einem abgebundenen Bein, der an der für Infusionsflaschen vorgesehenen Stange über seinem Bett Klimmzüge macht. Der Boxer eröffnet seinem Manager, dass er bald wieder zu boxen gedenke. Das Training für den nächsten Tag habe soeben begonnen.

Und weder an diesem Tag noch irgendwann danach verliert Craig Bodzianowski ein Wort des Bedauerns über die Angelegenheit. »Seine Eltern sorgten sich, ich sorgte mich, alle«, sagt Lenza, »nur er nicht. Wenn also jemand Probleme damit hatte, dann waren wir das, nicht er. Es mag komisch klingen, aber es hat ihn einfach nie gekümmert.«

Quer durch den Ring des Boxgyms in Little Italy ist in Schulterhöhe ein Seil gespannt. Abwechselnd rechts und links davon taucht der Kopf von Craig Bodzianowski auf, der sich schattenboxend von hinten nach vorne bewegt. Im Drei-Minuten-Rhythmus der Zeituhr arbeitet der Boxer hart und konzentriert, wandert vom Ring an die Maisbirne und weiter an den Sandsack. Und wenn er mit voller Kraft darauf einhämmert, spürt man den unbeugsamen Willen, der sich nach Ansicht seiner Trainer eher verdoppelt hat.

»Könntest morgen schon kämpfen, Champ«, sagt Primo LaCassa. »Müssen aber aufpassen. Ein übertrainierter Boxer ist genauso schlecht wie einer, der gar nichts getan hat. Vielleicht noch schlechter.«

Motivationsprobleme haben Primo und Pat LaCassa mit ihrem Schützling noch nie gehabt. Seit die beiden Brüder vor etwa zwei Jahren das Training des Cruisergewichtlers übernommen haben, sind zusätzliche Anreize für keine einzige Übung vonnöten gewesen. Craig trainierte immer ein bisschen mehr als die anderen. Sprang schneller Seil, schlug härter. »Manchmal arbeitet Craig so hart, dass wir ihn bremsen müssen«, sagt Primo. »Denn sonst bricht er zusammen. Dann fällt er für einen ganzen Tag aus und muss sein Bein ruhigstellen.«

Die beiden Brüder haben ihrem Boxer höchstens zeigen können, wie man auch mit reduzierter Beinarbeit zwischen den Seilen bestehen kann. Das große Herz aber, das man ohnehin nicht antrainieren kann, brachte Bodzianowski schon mit. »Er ist 'n Kämpfer«, sagt Pat zufrieden, »war's immer schon.« Bis zu 40 Runden in der Woche hat »Gator« zuletzt gespart. Vor ein paar Tagen erst war einem kapitalen Schwergewicht unter der Wucht seiner Schläge die Luft so knapp geworden, dass er zweimal in der Runde seinen Mundschutz raushängen ließ. Nein, niemand muss Craig Bodzianowski jetzt noch an den 19. Juli erinnern, denn »das ist der Kampf, auf den ich all die Jahre hindurch gewartet habe«.

Und nicht ein einziges Mal hat er bisher nach seiner Gage gefragt. »Es interessiert ihn nicht«, sagt Lenza. »Er will boxen. Er will diesen Kerl schlagen.«

Bereits ein paar Tage nach der Amputation ließ Craig seine Brüder Howard und Ken heimlich Hanteln in die Klinik schleppen. Binnen kurzem war das Krankenzimmer in ein Bodybuilding-Studio umgebaut. Den Psychologen, der ihm Hilfe gegen etwaige Depressionen anbot, bat er um eine Aufhängung für seine Maisbirne. Seit er einmal sein Ziel ins Auge gefasst hatte, waren seine Probleme eben nur noch handfester Natur.

Aus dem Krankenhaus entlassen, arbeitet Craig jeden Tag an seinem Traum. Morgens rennt er mit seinem Neffen Jeff oder dem Pitbull »Odie« auf Krücken zwei Meilen über die Anlage des Golfplatzes von Palos Heights. Nachmittags oder am Abend stemmt er im »Healthy Attitude« Gewichte. TeeJay, Bogan, Animal und all die anderen Freunde aus dem Gym helfen ihm dabei, seinen Oberkörper noch mehr auszubauen, und Craig hüpft unermüdlich von Gerät zu Gerät.

»Ihr könnt mich ›Flamingo‹ nennen, wenn ihr wollt«, sagt er ihnen. Er selbst stellt sich gerne als »Ich und mein Freund Stumpy« vor. Er hat zwar ein Stück seines rechten Beins verloren, nicht aber seinen Humor. Und er hat immer noch sein Knie behalten und ein paar Zentimeter mehr. »Ich habe Glück gehabt«, sagt er. Wie er überhaupt manchmal froh ist, dass es ihn getroffen hat, denn »ich kann wenigstens damit umgehen.«

Der Eifer seines Schützlings ist selbst für den Manager alarmierend. Gerade hat Jerry Lenza das Geld, das sie von den Kampfbörsen beiseite gelegt hatten, in eine Beteiligung Craigs an dem Fitness-Gym angelegt; es heißt nun *Gator's Gym*. Lenza möchte Bodzianowski abgesichert wissen, aber nun muss er den Promoter Cedric Kushner informieren. »Cedric«, sagt Lenza am Telefon, »dieser Kerl trainiert wieder. Du glaubst nicht, was er alles tut. Nächste Woche kriegt er seine Prothese. Ich fürchte, er will wieder kämpfen!« Aber Kushner wiegelt ab: »Jerry, wir kümmern uns darum, wenn es so weit ist.«

Ein paar Tage darauf wird Craig die erste Prothese angelegt. Sie ist eine Sonderanfertigung des »Seattle Foots«, eines im Rahmen der Rehabilitation von Vietnam-Veteranen entwickelten Beinersatzes, den der Chikagoer Spezialist Mike Quigley an Craigs Bedürfnisse anpasst. »Er fragte mich nicht, ob er damit wieder boxen könnte«, sagt Quigley, »sondern er verlangte einfach, dass ich es möglich machte. Und wenn ich es nicht schaffte, würde er zu jemand anderem gehen.«

Quigley schaffte es. An jenem Tag erlaubt er Craig, etwa eine Stunde lang mit dem neuen Bein herumzulaufen, dann müsse er sich wieder ausruhen. Strahlend fährt Craig seinen Manager nach Hause. Unterwegs spricht er davon, dass er nun wieder richtig trainieren könne und sie beide bald wieder Kämpfe haben würden. Dann braust er los ins Gym, wo er mit seinen Buddies eine Stunde lang Racquetball spielt. Als er nach Hause kommt, hat er seinen Knochenstumpf durch die Haut getrieben. Wieder Operation und Abschleifen des Knochens, wieder die Krücken, das Hüpfen und der »Flamingo«. Das Ganze dauert fünf Monate. In dieser Zeit beginnt er einzusehen, dass auch seinem Willen Grenzen gesetzt sind und dass er auf Ratschläge hören sollte.

Quigley und die Experten aus Seattle verstärken die neuen Prothesen noch einmal. Stabilere Bolzen und übergroße Gelenkkugeln aus Stahl werden eingebaut, Materialien aus der Flugzeugtechnik verwendet. Der Patient wird das Bein zum Joggen aufs Golfgelände mitnehmen und beim Treppensteigen testen. Einige Modelle wird er auf diese oder eine andere Art noch verschleißen, denn es gibt keine Erfahrungen mit Ersatzgliedern für schwergewichtige Profiboxer. Und kaum ein Amputierter benutzte sein künstliches Bein bisher, »als sei es bloß eine Art Schuh« (Quigley).

Craig zeigt den Mädchen auf Partys seinen neuen Sockel, dann tanzt er die halbe Nacht mit ihnen. Craig läuft Wasserski. Craig geht mit Pfeil und Bogen auf die Jagd und tut so ziemlich alles, was er vor seinem Unfall auch nicht gelassen hat. Und da er sich nicht hindern lässt, fühlt er sich auch nicht behindert. »Selbstverständlich hat der Junge zwei Beine«, sagt Gloria Bodzianowski allen in Tinley Park. »Es ist nur, dass er das eine eben gekauft hat.«

Zwischendurch hat er immer wieder neue Wunden am Stumpf und enorme Schmerzen, die er sich meist nicht anmerken lässt. Dann kann er mehrere Wochen lang nicht rennen und muss ruhen. Wenn ihm dann wieder einmal jemand den »guten Rat« gibt, das Boxen zu vergessen, schweigt er bloß dazu. »Aber es machte mich wahnsinnig, und ich ging nach Hause und trainierte anschließend drei Stunden lang.«

Und allmählich muss sich auch Cedric Kushner Gedanken machen, denn Bodzianowski kommt in bessere Form als jemals zuvor. Sein

Oberkörper ist dank der Gewichte noch stärker geworden. Mit seinem künstlichen Bein rennt er die Meile bald in etwas mehr als sechs Minuten. Später wird er diese Bestzeit noch unterbieten können.

Kushner und Lenza geben ihrem Boxer endlich nach. Bald nach den ersten Trainingsrunden bei Nate Bolden schicken sie Craig nach Las Vegas, wo ihn ein befreundeter Trainer, Carmine Graziano, mit erstklassigen Schwergewichtlern sparren lässt. Im fernen Nevada ist Craigs Geschichte nicht bekannt, und weder die Boxer noch die Zuschauer im Gym ahnen etwas von seinem Handicap. Sie sehen nur einen erstklassigen Boxer, der seine Sparringspartner durch den Ring treibt und ihnen zeigt, wer der Chef ist. Es ist genau die Art, wie er am liebsten gesehen werden will.

Nicht viel später geht bei der Illinois State Athletic Commission der Antrag auf die Erteilung einer Profilizenz für Craig Bodzianowski ein. Die vier Herren des Ausschusses sind anfangs sehr skeptisch. Sie unterziehen den Boxer ausführlichen Tests, um sich von dessen Mobilität im Ring ein Bild zu verschaffen. Craigs behandelnder Arzt Robert Eiller, Mike Quigley und drei weitere Ärzte raten der Kommission zu. Schließlich, so der Vorsitzende Lahey, »kam der ganze Ausschuss überein, ihm eine Chance zu geben«.

Am 14. Dezember 1985 klettert Craig Bodzianowski dann erstmals wieder in den Ring. Unter den 2.750 enthusiastischen Zuschauern im ausverkauften Saal der Shepard High School in Palos Heights befinden sich auch seine Eltern und Brüder, Mike Quigley, die Kumpel vom Fitnessstudio und das Heer der alten »Gator«-Fans. Sie alle wollen sehen, ob Craig da anknüpfen kann, wo er aufgehört hat – am Körper von Francis Sargent, den er in seinem letzten Kampf vor dem Unfall einstimmig nach Punkten schlagen konnte.

Als dann die Glocke zur ersten Runde ruft, senkt sich bleierne Stille über das eben noch tosende Publikum. »Craig war ja nun ein bisschen anders«, erzählt ein »Gator«-Fan, »wir alle wussten das. Und wie es losgeht, glotzen 2.750 Leute stumm auf sein rechtes Bein. Bis endlich jemand von ganz hinten brüllt: ›Come on, ya big Pollack, schlag ihm den Schädel ein!‹ Alle lachten und waren wieder voll dabei.«

Eine Runde lang treibt Bodzianowski, noch ein bisschen unsicher in der Beinarbeit, den tanzenden Schwarzen vor sich her. In der zweiten Runde gelingt es ihm dann, seinen Gegner am Seil zu stellen. Nach einer Dreifach-Kombination geht Sargent zu Boden, wo ihn der Ringrichter auszählt. »Gator« wird unter dem überschwänglichen Jubel der Fans von seinen Brüdern aus dem Ring getragen, und alles sieht nach einem glanzvollen Auftakt zu einem einmaligen Comeback aus.

In der Lobby des Sheraton Hotels in Seattle sitzt Jerry Lenza nun schon seit Stunden und sinniert. Keiner der Drinks hat den Manager, den die Pasta seines Restaurants offensichtlich gut ernährt, wirklich müde machen können. Aber an Schlaf ist bei ihm in der Nacht vor einem Kampf ohnehin kaum zu denken. Und so wägt Lenza zwischen kurzen Plaudereien mit alten Bekannten immer wieder die Chancen seines Schützlings ab und erneuert seine Hoffnung. »Ich möchte, dass es ihm gelingt«, sagt Lenza fast flehentlich. »Ich möchte, dass er im Rampenlicht steht, denn dafür ist er da. Er soll ihnen zeigen, was er ist – ein professioneller Boxer, und zwar einer der besten.«

Vor vier Tagen ist Lenza zusammen mit den LaCassas, mit Craig und seinem Bruder Howard hier eingetroffen, und seitdem ist Seattle ihnen wie der Ort vorgekommen, an dem sie die größtmögliche Anerkennung des Boxers Craig Bodzianowski erleben werden. Erst gestern, auf der Pressekonferenz im ersten Stock des Hotels, hatte der hünenhafte Schwergewichtler Tony Tucker in einer kurzen Ansprache seinen Respekt vor dem Mut und der Tapferkeit des Kollegen ausgedrückt. Sogar Muhammad Ali, der wegen einer Ehrung im Rahmen der Veranstaltung ebenfalls im Podium saß, war aus seinem Dämmern gerissen worden, als Craigs Geschichte erzählt wurde. So schnell es der Zustand des Schwerkranken eben zuließ, hatte Ali den Kopf gewendet und gebannt zugehört.

Bis auf diese kurze Episode aber ist Craigs Handicap kaum erwähnt worden. Und diese Tatsache ist in den Augen des Mannes in der Hotel-Lounge der größte Triumph. »Alles, worüber sie reden und schreiben«, sagt Lenza, »ist Craig Bodzianowski, Nummer neun in der Weltrangliste der Cruisergewichtler. Und das ist es, wofür wir gekämpft haben – als Boxer anerkannt zu werden.«

Fünf Tage nach seiner Niederlage vom 14. Dezember 1985 fielen Francis Sargent plötzlich eine Reihe von Telefonanrufen ein, die er in der Woche vor dem Kampf mit Craig Bodzianowski angeblich erhalten hatte. Der Gelegenheitsprofi mit wechselhaftem Erfolg erklärt dem Boxreporter einer Chikagoer Tageszeitung, er habe den Kampf aus Angst vor den Drohungen anonymer Anrufer absichtlich »geschmissen«. Später, bei der Anhörung vor der Box-Kommission, zieht Sargent seine Vorwürfe wieder zurück und verstrickt sich in widersprüchliche Aussagen. Die Kommission entzieht Sargent daraufhin zwar für ein halbes Jahr die Lizenz, aber ein säuerlicher Rest von Zweifel bleibt am Sieger haften.

Dieser Geruch wird vorerst bleiben. Auch nach seinem nächsten Kampf im April 1986 schlägt Bodzianowskis Gegner nach. Rick Enis, der in der dritten Runde k.o. geht, klagt lautstark über den Stil, in dem Ringrichter Stanley Berg im Americana Congress Hotel von Chikago den Kampf geführt habe. Sicher ist, dass Bergs Unterbrechungen dem nach einer schweren Rechten angeschlagenen Bodzianowski bis in die dritte Runde zugute kamen. Sicher ist aber auch, dass der linke Haken, den der Bedrängte dann wie aus dem Nichts an Enis' Kinn landete, ein Niederschlag par excellence war.

Das Muster der Spiegelfechtereien steht damit fest. Es weist einen Boxkampf mit Craig Bodzianowski als eine ausweglose Situation aus, in der seine Gegner nicht gewinnen können. Wenn sie gewinnen, ist es, weil der andere einbeinig ist und nicht richtig kämpfen kann. Wenn sie verlieren, ist es, weil sie nicht kämpfen können. Und dann müssen Gründe her und Anschuldigungen, denn wer möchte schon hören, dass er nicht einmal einen Einbeinigen schlagen kann?

Viermal werden in den nächsten drei Jahren ursprünglich gemeldete Gegner aus irgendeinem Grund kurz vor dem Termin absagen. Niemand in der Welt reißt sich darum, mit dem »Gator« in einen Kampf verwickelt zu werden. Bald sucht Jerry Lenza in einer Chikagoer Tageszeitung nach neuen Gegnern für seinen Schützling. Ja, er lässt den großen Parkplatz vom *Artie G's*, seinem Restaurant, mit über tausend Stühlen und einem Boxring bestücken und veranstaltet selbst den nächsten Kampf. Craig gewinnt diesen Kampf gegen einen gewissen Steve Marmino unumstritten nach Punkten. Es ist das erste Mal, dass niemand seinen Sieg anzweifelt.

Craig gewinnt ein weiteres Mal, und dabei schlägt er mit Bob Hitzelberger einen respektablen Schwergewichtler. Aber dies sind lokale Größen. Sie geschlagen zu haben, befriedigt nicht das Heer der Skeptiker, die wie die Kakerlaken überall in Chicago sitzen und fragen, wie Craig Bodzianowski wohl gegen einen Weltklassemann aussieht. Also verpflichtet Jerry Lenza auf Drängen seines Schützlings für den nächsten Kampf einen solchen Boxer. Alfonso Ratliff ist noch unlängst Weltmeister im Cruisergewicht gewesen, bis ihn sein Management in zerstörerische Kämpfe mit den besten Schwergewichtlern, darunter auch Mike Tyson, getrieben hat. Der fast zwei Meter große Modellathlet will gegen seinen ehemaligen Sparringspartner aus dem *Woodlawn Boys Club* um eine neue Titelchance boxen. Ratliff ist noch immer top-ranked, und nicht wenige befürchten ein Debakel für den »Gator«.

Tatsächlich geht Craig bereits in der ersten Runde schwer getroffen zu Boden. Aber er kommt gerade noch rechtzeitig auf die Beine, übersteht den Rest der Runde. Und was dann vor den Augen der 2.600 Zuschauer im ausverkauften Pavillon des Bismarck Hotels geschieht, beschreibt der erfahrene Boxreporter Lacy Banks als »einen der aufregendsten Kämpfe, die ich jemals gesehen habe«.

Elf weitere Runden lang hauen sich die beiden Kontrahenten härteste Schläge an die Köpfe, ohne dass einer von ihnen zu Boden ginge. Und als Ringrichter Morgan nach dem Ende des ausgeglichenen Kampfes den Arm von Alfonso Ratliff in die Höhe hebt, sieht dieser schwerer gezeichnet aus als der Verlierer. Zwei gebrochene Rippen, eine Fraktur des Jochbeins und Platzwunden im Gesicht, die später mit 40 Stichen genäht werden müssen, bezeugen, wie bitter sein Sieg über jene volle Zeit gewesen ist, die so bezeichnend » the bloody distance« heißt.

»Nach diesem Kampf war klar, wohin Bodzianowski in den Weltranglisten gehört«, sagt Banks. Diese Ansicht war nicht ungeteilt: An dem Tag, als ein enthusiastischer Bericht in der *Chicago Sun-Times* erscheint, nennt ein Kolumnist dieselbe Veranstaltung eine »Freakshow« und die Leute hinter Bodzianowski »Fleischverkäufer«. Es ist eine dieser Stimmen, die nie abklingen werden. Weder nach drei weiteren Siegen und einer zweiten, ebenso knappen Punktniederlage gegen Ratliff, noch nach dem Sieg über den hochrangigen Anthony Witherspoon, einen Sparringspartner von Mike Tyson. Craig wird sich daran gewöhnen, wie er sich auch an die Pressekonferenzen, die Auftritte in Talkshows und die Plakate gewöhnt hat, die ihn ab und an immer noch als »Amputee from Chicago« ankündigen.

Für die Freunde aus dem Gym, die Nachbarn in Tinley Park und all die anderen Fans zählt das alles ohnehin nicht. In ihren orangeroten »Gator« -Shirts kommen sie zu vielen Hunderten mit gecharterten Bussen in die Stadt, wann immer Craig dort einen Kampf hat. Und egal wie das Ganze dann ausgeht, ihr Sieger heißt Craig. Und auch für das Heer der »Handicapped«, die in Craig Bodzianowski eine neue Symbolfigur gefunden haben, ist der Ausgang seiner Kämpfe nicht maßgebend. Tausende von Briefen sind gekommen, seit Craigs Geschichte durch Fernseh-Interviews bekannt geworden ist. Wann immer es seine Zeit erlaubt, besucht der Boxer Amputierte und flößt ihnen das »Never quit!« durch pure Anwesenheit ein.

Ein Beispiel für so viele Leute zu sein, ist ein gutes Gefühl. Craig Bodzianowski möchte schließlich, »dass man sich an mich nicht nur als einen guten Boxer, sondern auch als einen anständigen Kerl erinnert«. Aber immer nur über Motorradunfälle und Selbstvertauen zu sprechen in all den Talkshows, ist ermüdend. Denn da ist auch noch der ganz normale Ehrgeiz, den er wie jeder andere Profiboxer auf der Welt hat: einmal Weltmeister zu sein.

Und nun haben ihm ein paar Promoter und Matchmaker die Chance dazu gegeben; die erste und vielleicht letzte.

Am Abend des 19. Juli 1990 ist der *Kingdome* in Seattle mit etwa 8.000 Zuschauern gefüllt, die in der 50.000 Leute fassenden Arena nicht gerade den Eindruck einer dichtgedrängten Masse abgeben. Nachos und Hot Dogs kauend, trinkend und grölend geben sie nicht viel um jene zwei Federgewichtler, die dort im Boxring gerade ihrem Beruf nachgehen. Einzig ein junger, bärtiger Typ mit einer Bomberjacke über dem Bauchansatz läuft unruhig zwischen den Stuhlreihen der Plätze am Ring umher.

Don Lenza ist nicht wegen der beiden Federgewichtler nervös. Der Sohn des Box-Managers aus Chikago wartet auf den nächsten Kampf, in dem der Schützling seines Vaters nach dem Weltmeistergürtel greifen wird. Donny, wie er genannt wird, hat von den 28 Profikämpfen des Craig Bodzianowski genau 28 gesehen. Am Anfang mag das aus einem Gefühl der Verbundenheit mit seinem Vater gewesen sein. Später aber wurde es eigenes Bedürfnis und Bewunderung für den Freund, mit dem er eine Zeit lang fast täglich im Restaurant seines Vaters gearbeitet hat.

Nun ist Donny hierher gekommen, um ein weiteres jener Wunder zu sehen, die anzukündigen der Freund nie müde wurde. »Craig hat mir gesagt, dass er diesen Kampf gewinnen wird«, sagt er. Und wenn es nach seiner Erfahrung mit Craigs Vorsätzen ginge, gäbe es eigentlich keinen Grund für Nervosität.

»Als Craig mir erzählte, er würde wieder boxen, habe ich es geglaubt«, sagt Don. »Und er boxte wieder. Er fuhr auch einen Wagen mit Kupplungspedal, bevor er sein künstliches Bein bekam. Man braucht zwei Beine dafür, stimmt's? Craig machte es mit einem. Und nun fliegt er. Er hat ein Flugzeug! Und wenn er mir eines Tages erzählte, er könne auch ohne fliegen – ich käme hin, um den Start nicht zu verpassen. Craig kann alles, was er nur will.«

Aber da ist auch noch Robert Daniels, ein 21-jähriger Schwarzer aus Miami, der als stärkster Bodypuncher seiner Klasse gilt. Daniels wird den Titel, den er sich erst vor acht Monaten mit einer imponierenden Vorstellung geholt hat, nicht kampflos wieder hergeben. Und dies ist Seattle, nicht Chikago. Keine orangeroten Fan-Pulks sind in dieser anonymen Menge auszumachen, keine Kumpel, die ihren »Gator« nach vorne brüllen.

Und doch ist Don Lenza nicht ganz allein. Irgendwo in den Rängen dort oben, weiß er, sitzt eine Abordnung der kleinen Firma, die für Craig jene »Seattle Foot« genannte Prothese angefertigt hat. Ein halbes Dutzend Techniker und Angestellte mit kleinen Alligatoren-Figuren am Jacketaufschlag, die nun aufstehen und applaudieren, während Craig Bodzianowski unter den Klängen seines Songthemas »Bad to the Bone« die Halle betritt.

Angetan in einem scharlachroten Kapuzenmantel, trabt Craig hinter dem breiten Rücken seines Bruders Howard zum Ringgeviert. Dort boxt er in alle Richtungen hin Schatten und ignoriert den schwarzen Boxer im Stars-'n'-stripes-Mantel, der sich mit seinem Gefolge nun ebenfalls nähert. Und als beide Kämpfer etwas später auf den Gongschlag hin aus ihrer Ecke treten, wissen die Männer mit den Alligatoren am Jackett, dass alles, was zu beweisen war, längst bewiesen ist.

Und so denkt Don Lenza auch.

Craig Bodzianowski verlor den WM-Kampf am 19. Juli 1990 gegen Robert Daniels einstimmig nach Punkten. Zehn der insgesamt zwölf Runden boxte er dabei mit zwei gebrochenen Rippen.

Immer alle verhauen

Ein langer, ruhiger Fluss ist sein Leben bisher nicht gewesen; gerade jetzt hat es wieder eine unglaubliche Kurve gemacht. Vor zwei Monaten musste Jürgen Brähmer die vorgerückten Abende noch in einer 12 Quadratmeter großen Zelle verbringen, sowas wie Fernsehen war nach dem Umschluss unmöglich. In wenigen Tagen jedoch wird der gebürtige Stralsunder zur Hauptfigur, wenn das ZDF sein Duell mit Henry Porras aus Costa Rica live aus Leverkusen überträgt. Zu einer Zeit, als bis vor kurzem gar nichts ging, stehen dem Faustkämpfer dann etwa 25 bis 35 Quadratmeter zwischen Ringseilen zur Verfügung – auch das eine messbare Verbesserung.

Bei dem Tänzchen mit dem Latino steht außer Brähmers makellosem Rekord (25 Siege in 25 Kämpfen) kein Titel auf dem Spiel. Dennoch geben Sender und Veranstalter den 10-Runden-Vergleich als Hauptkampf aus. Es ist eine Notlösung, weil der avisierte WM-Kampf zwischen local hero Felix Sturm und Maselino Masoe wegen Verletzung des Herausforderers abgesagt werden musste und der Ukrainer Wladimir Sidorenko, der am gleichen Abend seinen Titel im Bantam-Limit verteidigt, nicht nur vom Gewicht her die kleinere Story ist. Das Volk, so heißt es, will lieber deutsche Helden.

Der abrupte Kameraschwenk ist pikant, denn außer dem kleinen Kreis der »Ringsider« ist Brähmer eher den Entscheidern im Justizapparat von Mecklenburg-Vorpommern bekannt. In diese Maschinerie ist der 27-Jährige durch mehrere zivile Straftaten geraten, hier wurde er gründlich durch die Mangel genommen. Nach der Verbüßung einer fast dreijährigen Haftstrafe wegen Fahrerflucht und Körperverletzung ist sein Makel aber plötzlich ein Markenzeichen, wie er weiß. »Das gehört zu meiner Person dazu«, sagt er abgeklärt, und für die Medien sei das »interessanter, als wenn ich 'ne Doktorarbeit bewegen würde.«

Schon bei seinem Comeback Mitte Oktober wurde der frühere Junioren-Weltmeister phasenweise belagert, als würde er ein WM-Duell bestreiten. Jenseits des Ballyhoos hatte der Rückkehrer jedoch mit viel konkreteren Problemen zu tun. Er musste wieder lernen, sich inmitten von so viel Mensch um ihn herum zurecht- und in die athletischen Voraussetzungen seines Sports hineinzufinden. Das war »'ne Umstellung von drei Jahre rumsitzen zu richtig intensivem Training«, so Brähmer, »von der Auslastung her war ich schon geschafft«.

Es sah einfach selbstverständlich aus, wie der Youngster ab 1999 seine Gegner dominierte – ein unerschütterlicher Kämpfer, der das Drehbuch im Ring mit zweifelsfreier Autorität bestimmte. Die inoffiziellen Titel für ihn reichten bald von »Ausnahme-« bis »Jahrhundert-Talent«. Wenige Wochen nach seinem ersten bedeutenderen Kampf, den er gegen Hinterlegung einer sechsstelligen Kaution bestreiten durfte, wurde der Sportler im Dezember 2002 aber von der Strafjustiz verschluckt. Da war es bis auf ein paar Tischtennis-Spielchen mit körperlicher Bewegung vorerst vorbei; mit dem Hintergrund früherer Jugenddelikte waren Hafterleichterungen nicht vorgesehen.

Weder das Fußballfeld noch eine Laufstrecke durfte Brähmer damals nutzen. »An mir wurde ein Exempel statuiert«, ist er überzeugt, »man hat mir den Aufenthalt von politischer Seite sehr schwer gemacht.« Der psychische Stress ließ ihn Gewicht verlieren, es folgten »Überlegungen, mit dem Boxsport einfach aufzuhören«. Einzig die Besuche von Promoter Klaus-Peter Kohl sowie Trainer Michael Timm ließen ihn spüren, dass er noch gefragt war. Phasenweise konnten ihn Timm und Chuck Talhami, ein anderer Universum-Coach, wenigstens in den Grundlagen trainieren. Dazu erreichten ihn auch in der Zelle etliche Vertragsangebote. »Ich wusste immer, dass da sozusagen noch 'n Markt ist«, so Brähmer.

Nun braucht ihn dieser Markt dringender denn je. Mit Ottke, Michalczewski und Vitali Klitschko sind inzwischen drei Ikonen des Faustkampfs zurückgetreten. Ihre designierten Nachfolger sind bisher fast ausnahmslos gescheitert. Da ist Brähmer zusammen mit Felix Sturm fast schon die letzte Option der Jahrgänge, die aus dem Füllhorn öffentlich-rechtlicher Fernsehsender gepäppelt wurden. Er hätte keinen neuen Anlauf genommen, sagt Brähmer, »wenn ich nicht glauben könnte, dass ich Weltmeister werden kann«. Einen Zeitplan hat er jedoch nicht: »Ich muss erstmal wieder reinfinden und die Ranglisten hoch kommen.«

Ob ihm der lateinamerikanische Stil des Gegners aus Costa Rica liege, wurde der Rechtsausleger in Leverkusen noch gefragt. »Schwer zu sagen, wer mir liegt und wer nicht«, konterte der, »bisher hab ich ja noch jeden geschlagen oder so.« Seinen trockenen Humor hat Brähmer bereits wiedergefunden.

Seinen Kampf am 26.11.2005 gegen Henry Porras gewann Jürgen Brähmer durch Abbruch in Runde 7. Inzwischen hat er mit einer Punktniederlage gegen Mario Veit im Mai 2006 erstmals verloren.

RUNDE 5

Das Haus aus Leder

Ein Handwerksbetrieb in der dritten Generation – das ist der Faustkampf in der Tradition der Familie May. Alles in dieser wunderbaren Sippschaft war auf eine große Zukunft für Torsten und Rüdiger eingestellt, wie ich im Sommer 1995 auf der Couch der Eltern in Bad Freienwalde spüren konnte. Bald danach zogen die Eltern ihren Söhnen nach Köln hinterher. Der ganz große Erfolg aber sollte für beide ausbleiben. Ein Jahr später bezahlte Torsten seinen Versuch, in der Stierkampf-Arena von Palma de Mallorca Weltmeister zu werden, mit dem entstelltesten Gesicht, das ich je im Boxen erblicken musste. Und im September 2004 wurde Rüdiger von Weltmeister Johnny Nelson ausgeknockt. Es waren bittere Momente für die tapfere Mutter May, die ihre Kinder bis heute mehr liebt als deren zuweilen grausames Vergnügen.

Heidemarie May hat bis heute ihre Zweifel daran, ob man das Boxen besten Gewissens gutheißen kann. Sie hat sich über all die Jahre nicht davon ablenken lassen, dass die mehr oder weniger kunstvoll ausgeführten Hiebe, die Kenner am Ring wie Delikatessen genießen, Kopf und Körper des Gegners ruinieren. »Die Schläge sind für's Gehirn nicht gut«, sagt sie, »das lasse ich mir nicht ausreden.« Und: »Ich habe die Kinder geboren. Ich wollte immer, dass sie auch gesund bleiben. Ich seh' mein Kind, das da steht, egal wie alt es jetzt ist. Und ich denke: Hoffentlich übersteht er's, und es kommen keine Spätfolgen!«

Mutter May könnte stolz sein auf ihre beiden Söhne, und in einem gewissen, viel tieferen Sinne ist sie das wohl auch. Torsten, der ältere, ist in Barcelona Olympiasieger im Halbschwergewicht geworden, Rüdiger in der DDR immerhin Juniorenmeister; beide sind heute Profis und bisher noch »ungeschlagen«, wie es heißt. Aber natürlich bedeutet das nicht, dass sie bei ihren Siegen von Schlägen und Schmerzen verschont bleiben würden. Und das ist die Gewissheit, die bei Heidemarie May vor den Kämpfen neben dem Toilettengang ein zweites, regelmäßig wiederkehrendes Symptom zeitigt: als würde ihr Herz dann überfordert werden, beginnt es plötzlich zu schmerzen, und ihre Arme sterben ab.

Sprachlos, mit in den Schoß gelegten grauen Händen, erwartet die 46-Jährige auf ihrem Stuhl den ersten Gongschlag, die ersten Attacken und Manöver der Gegner ihrer Söhne. Das ist »die schlimmste Phase«, wie sie sagt. »Du weißt nicht, wie ist der Gegner, wird er ihn kontrollieren können? Und wenn er dann harte Schläge fängt, geht es mir durch und durch.« Zu Hause vor dem Fernseher zu bleiben oder auf die Meldungen im »Oderland-Kurier« vom Montag zu warten, wäre jedoch eine Fahrlässigkeit. »Man möchte gar nicht hingucken, aber man möchte auch sehen, was wirklich passiert. Im Fernsehen bauschen sie ja immer alles auf... Irgendwo hat man vielleicht auch die Vorstellung, man könnte helfen.«

Vor mehr als einem Jahr, als Rüdiger sich in Halle/Westfalen einen klaffenden »Cut« auf der Stirn zuzog, hat die Mutter gerade noch den Impuls unterdrücken können, zum Seilgeviert zu rennen. »Ich dachte, bleib sitzen, du blamierst dich nur! Aber dann zu wissen, dein Kind wird jetzt genäht – du guckst gar nicht mehr richtig hin, wie die anderen Kämpfe laufen.«

Und doch würde Heidemarie May niemals gegen das Boxen opponieren. Der schrecklich-schöne Kampf, der vielleicht mehr ist als nur Sport, ist seit den alten Amateurzeiten ihres Mannes Ulrich untrennbar mit ihrem eigenen Leben verbunden. Er ist der zweite Faden in der Geschichte ihrer Familie; der fünfte Kopf am Tisch eines Zuhauses, das förmlich aus weichem Rindsleder zusammengenäht ist. Gegen das Boxen zu sein, hieße unter diesen Umständen, gegen das Leben zu sein, so wie es Heide May begegnet ist.

Von jenem kalten Herbst im Jahre 1966 an, als sie beim Kartoffelernte-Einsatz im mecklenburgischen Vogelsang den Werbungen des Stahlbauschlossers Ulrich May nachgab, ist Heidemarie Berger, das »Sachsenmädel«, vom Boxen umzingelt gewesen. An der Seite des Juniorenmeisters von Mecklenburg, der später noch einmal Champion von Sachsen wird, lebt auch die gelernte Erzieherin im Rhythmus dieses Sports. Die Trainingseinheiten des Mannes und der Wechsel seiner drei Schichten im Werk diktieren die Essens- und Ruhezeiten für sie und die beiden Kinder, die bald geboren werden; die Wettkämpfe am Wochenende zerschneiden die knappe, gemeinsame Zeit.

Es setzt sich aber auch in die Stube hinein fort: Wenn das Wetter schlecht ist, schafft sich Ulrich May nicht selten schattenboxend oder Gewichte stemmend im engen Bad, während seine Frau beim Abwasch in der Küche die Stoppuhr im Auge behält. Dann ruft sie im Takt von drei plus eins Minuten »Zeit!«, »Fertigmachen!« und »Los!« durch den Flur. »Hinterher roch das ganze Bad nach Schweiß«, erinnert sie. Wo andere im Keller Wäscheleinen spannen oder Kartoffelacker aufstellen, hängt bei den Mays ein alter Punchingball Marke »VEB Bleuna«. Und als die Söhne so weit sind, schmuggelt der Vater mit ihnen die Boxhandschuhe an der Küche vorbei ins Wohnzimmer, wo die drei heimlich sparren. Wenn es dann klatschte und rappelte, eilte Heidemarie May in Sorge um die geerbten Sammelgläser im Regal herbei und rettete schimpfend ihre »Römer«.

Zu den Liga-Kämpfen aber reist Frau May nie mit, und vermutlich liegt ihre anfängliche Abneigung gegen das Boxen auch darin begründet. Die Leiterin einer Kindertagesstätte sieht statt der kunstvollen Finten, Konter und Doubletten nur die drastischen Ergebnisse, die das alles hinterlässt: die Blutergüsse an den Augen, die Prellungen im Gesicht. »Einmal habe ich ihn fast nicht mehr erkannt. Erst kam das dicke Auge, dann er hinterher. Oder ein Zahn war abgebrochen. Ich konnte nicht verstehen, wie man sich so verunstalten kann. Ich wusste zwar, dass noch mehr dazugehört, als sich zu schlagen, aber ich habe immer gedacht: wie kann man so einen Sport betreiben?«

Ulrich May aber wollte nie etwas anderes tun, seit er zum ersten Mal mit den gefütterten Lederhandschuhen des Vaters auf ein über die Teppichstange gehängtes Sacktuch voll Sägespäne und Stroh einschlug (er war Schüler in der 9. Klasse, und für die Aufnahme im Radsportverein Dynamo Wismar fehlte dem Gewinner der lokalen »kleinen Friedensfahrt« ein adäquates Rennrad). Vom ersten Boxkampf im Saal einer Klein-Buckower Kneipe namens *Stadt Hamburg* an, wo er einen erfahreneren Junior von der Insel Poel trotz einer Fraktur am Daumen bezwingt, ist ihm der Faustkampf ideales Ventil für seinen großen Bewegungsdrang. Der Einzelgänger hat immer schon die Individualsportart gesucht, »wo man mal 'n bisschen reinkrachen kann«, und genießt nun »das Kämpferische, Männliche« daran.

Viel später, beim Vorrunden-Finale zur DDR-Meisterschaft in Görlitz, wird Ulrich May selbst einen Nasenbeinbruch arztlos überstehen. Heute ist der das Prunkstück in seiner Sammlung wahrer Geschichten: »Die wollten mich sofort ins Krankenhaus fahren. Aber ich hatte da diesen ungarischen Trainer, Sandor, der sagte in der Umkleide: ›Uli, Handballen drauf, Nase richten!‹ Ich steh also vor dem Spiegel mit dem Handballen und Sandor hinter mir, ›noch'n Stück, noch'n Stück!‹ Und das hat gekracht und geknistert, die Tränen liefen mir. ›Jetzt Schluss‹, rief Sandor, ›sonst Nase andere Seite!‹ Es war ja noch'ne Party am Abend...«

Der 50 Kilo leichte junge Mann, der im Laufe der nächsten 15 Jahre alle Klassen bis hinauf ins Schwergewicht durchläuft, wechselt bald von Klein-Buckow zur Oberliga-Staffel nach Wismar. Schnelle Beine, gutes Auge, erbarmungslose, gestochene Führungshand – die Kombination aus Athletik und Technik wird Ulrich Mays Stil, sein Vorbild, aller offiziellen Polemik gegen das dekadente Profiboxen im Westen zum Trotz, Muhammad Ali. Die olympischen Medaillen der Beyer, Fanghänel oder Wolke sind kleine Sonnen in seinem Arbeitsalltag, doch »das Profiboxen blieb für mich das A und O«.

In der Nachtschicht arbeitet Ulrich May die Pausen durch, um früher am Morgen auf's Rad zu steigen und zur Übertragung der Ali-Kämpfe im (offiziell verbotenen) Westfernsehen zu Hause zu sein. Der anstrengende Drei-Schichten-Rhythmus im Werk und die späteren Ortswechsel als Armee-Angestellter aber sind auch seine Handicaps beim versuchten Aufstieg in einer seltsamen Zwei-Klassen-Gesellschaft. Als Mitglied einer Betriebssportgemeinschaft, als »BSG-ler« also, ist der Feierabend-Athlet den protegierten Vollzeit-Helden der großen Club-Staffeln gegenüber krass benachteiligt. »Die kamen angerollt und klappten die großen Koffer auf mit Apfelsinen, Bananen und Mineraldrinks drin, liefen in einheitlichen Trainingsanzügen herum und taten großkotzig. Das waren die Profis, wir waren die Amateure.«

Einmal gelang es dem Underdog in einem Ausscheidungskampf, den hoch favorisierten Halbschwergewichtler vom Club aus Karl-Marx-Stadt drei Runden lang durch den Ring zu klopfen. Die Punktentscheidung aber bekam danach der Unterlegene. Solche Erlebnisse wiederholten sich. »Die allgemeine Meinung war: Du musst dem Club-Mann die Rübe vollhauen, sonst verlierste.« Damals in Karl-Marx-Stadt hat Ulrich May dem Coach seines Gegners gesagt: »Ich arbeite drei Schichten und hab' deinen Mann nach Strich und Faden verkloppt. Was glaubst du, was los wäre, wenn ich auch so trainieren könnte wie ihr?« Aber weder der Club-Trainer noch das Leben haben ihm diese Frage jemals beantworten können.

Mit 27 Jahren, als Sohn Torsten schon in die Schule kommt, will ihn der Trainer des Renommierclubs Wismut Gera in seine Staffel holen. Eingedenk des Alters aber und mangels beruflicher Perspektiven dort sieht man von diesem Plan bald wieder ab. Bereits über 30, probiert er sich in Freienwalde, wo die Familie seit 1975 lebt, noch einmal kurzfristig im Schwergewicht – und kriegt wegen Trainingsrückstands gleich »mächtig auf's Brett«. So ist es fast zwangsläufig, dass Ulrich May den uneingelösten Rest vom sportlichen Glück stellvertretend bei seinen Söhnen zu erleben versucht.

»**Das wird 'n** Boxer«, sprach Ulrich May damals oft halb im Scherz, wenn der noch nicht geborene Erstling in seinen Bewegungsphasen die Bauchdecke seiner Frau zu heftigen Wölbungen brachte. Fünf Jahre später sitzt Torsten zum ersten Mal neben dem Vater im Bus nach Zwickau, wo jener zu der Zeit boxt. »Der geht nur mal mit«, wurde seine Mutter vorher beruhigt. Einmal »auf der Halle«, kommt es dann doch zu ein paar Schlagübungen mit dem Jungen. »Guck mal«, sagt damals einer, »der hat schon Talent!« Vater May kommt am Abend zufrieden nach Hause.

Nach dem Umzug ins oderländische Freienwalde geht der eingeschulte Erstling mit seiner giftgrünen Umhängetasche dann regelmäßig zu einem leichten Kinder-Box-Training. Als Achtjähriger steht er zum ersten Mal in einem Boxring und schämt sich für die Ballettschuhe, in denen er da steht (die sparsame Mutter glaubt im Unterschied zum Vater noch nicht an einen vorgezeichneten Weg). Auf der verregneten Freiluft-Veranstaltung im Stadion misst er sich mit einem um zwei Jahre älteren und erntet ein Unentschieden. Zwei Jahre darauf lautet der erste Prüfvermerk auf der Startkarte: »Vorboxen bestanden«.

»Boxen war okay«, erinnert Torsten May heute. »Zu versuchen, den anderen mit Technik auszutricksen, ihn zu treffen und selber auszuweichen – das hat einfach Spaß gemacht.« Enthusiastischer aber war es wirklich noch nicht. »Ich hatte auch noch gar nicht so die Kraft dafür.« Und es war praktisch: Wenn Heidemarie May mit dem »Kleinen« nach dem Mittagessen in den Kinderhort zurückkehrte, den sie leitete, konnte sie Torsten, den »Großen«, auf dem Weg dahin in der Turnhalle parken. Später bringt sie beide hin. »Die Kinder waren unter Kontrolle und haben keinen Blödsinn angestellt«, sagt sie. »Das Sportliche habe ich noch gar nicht so ernst genommen.«

Vater Ulrich dagegen plant ernsthaft in die Zukunft hinein. Von einem Arbeitskollegen lässt er einen Reck aus Alteisen zusammenschweißen, den er im Keller aufstellt. Hier reiht er die Zöglinge der Freienwalder Trainingsgruppe hintereinander, die er bald übernimmt, damit sie sich in kurzen Serien aus dem Hang hochstemmen (die »Kraftwerte« sind feste Leistungskategorie im Aufnahmeverfahren zur Kinder- und Jugendsportschule, der KJS). An den Wochenenden rennt er mit ihnen in die hügeligen Parkanlagen des kleinen Schlosses und überwacht von einer Anhöhe aus ihr Laufpensum.

Ob er es richtig fände, die Kinder so zu »strietzen«, fragen mehr als einmal die Kurgäste im Park oder Nachbarn. Doch so hat Ulrich May es nie gemeint. Für ihn ist dieser Sport, dessen Übungen er noch heute fast täglich absolviert, auch eine sittliche Lehranstalt. Seine Anforderungen, seine Disziplin sind ihm »das Beste, um einen Menschen zu formen«. Derart können sich künftige Charaktere »von der Persönlichkeit her hochrappeln« statt »Mehlsäcke« und »Mimosen« zu werden. »Ich habe immer gesagt: Meine Jungs, das sollen mal Männer sein.«

Für dieses Gesamtziel ist Boxen auf der Wasserstraße 25, erster Stock links, Thema rund um die Uhr. Während die anderen sich nach dem Training ohne Vorgaben in ihre freie Zeit zerstreuen, setzt es sich im Hause May bis zum Abendbrot und länger in Kritik und Diskussionen fort. Heidemarie May fand diese Auseinandersetzungen über Aufwärtshaken und Doubletten immer schrecklich, wie sie sagt: »Die beiden haben mir oft leid getan.« Gerade dadurch aber wurden auch entscheidende Durchbrüche forciert. »Man schläft damit ein, denkt am nächsten Tag noch einmal darüber nach«, so Rüdiger, »und irgendwann platzt dann der Knoten.«

Wie zum Beweis stellen sich bald kollektive Erfolge ein. Anfangs eher belächelt, wird die kleine Truppe des Autodidakten aus der Provinz von den großen Jugendstaffeln aus Frankfurt und Schwedt später respektvoll gemieden. Fünf daraus schaffen mit dreizehn den Sprung vom »TZ« (Trainingszentrum) zur »KJS«, darunter Torsten (trotz ungenügender »Kraftwerte«) und Rüdiger. Wer einmal durch dieses Nadelöhr staatlicher Auslese geschlüpft ist, darf mit umfassender Förderung unter professionellen Bedingungen rechnen. Dafür ist das Spielerische, Ungezwungene am Boxen nun definitiv vorbei, was sich auch im Hause May nun ganz offen in einem harten Schnitt dokumentiert: Für das Internat in Frankfurt/Oder ziehen die beiden Brüder nacheinander zu Hause aus.

Das Register des modernen Profiboxens ist im Grunde voller Bruderschaften, deren weniger bekannte Hälften (oder Drittel, Viertel, Fünftel) kaum Erwähnung finden. Nicht nur Cassius Clay, auch sein Bruder Rudolph Valentino, genannt Rudy, hat im Seilgeviert gestanden. Der um elf Monate jüngere Amateurboxer war damals in Louisville/ Kentucky der zuverlässigste Sparringspartner der künftigen Box-Ikone Muhammad Ali – auch wenn dieser hoffte, dass er ihm nicht zu den Profis nachfolgen würde, wie er später in seiner Autobiographie gestand (»Er hatte das Herz und konnte hauen, war aber nicht talentiert... Boxen ist ein zu gefährliches Geschäft, wenn man dazu nicht talentiert ist.«). Nicht nur Jack, auch Bernhard Dempsey boxte; nicht nur Stanley, auch Leon Ketchel; nicht nur Floyd, auch Ray Patterson sowie Jim, der Zwillingsbruder des Europameisters und zweifachen Ali-Gegners Henry Cooper.

Nur einer, Gene, steht heute für die Phalanx der Fullmer-Brüder, zu denen auch Don und Jay gehörten. Nur Jimmy, nicht seine Brüder Joe und Al, hält heute den Namen der unerschrockenen Braddock-Familie aus Chikago hoch. Hinter dem Andenken an Fritzie Zivic, der 1940 durch einen Sieg über Henry Armstrong Weltergewichts-Champion wurde, sind mit Joe, Eddie, Jack und Pete gleich vier in den USA gefürchtete Ring-Brüder einer jugoslawischen Einwanderer-Familie verblasst. Bis auf wenige Ausnahmen – wie etwa die Spinks-Brüder Leon und Michael, die in den Achtzigern Halbschwer- und Schwergewichts-Weltmeister wurden, oder Vitali und Wladimir Klitschko, die boxenden Hünen aus der Ukraine – scheint der Weg zum Champion in der Regel nur einem aus der Familienbande möglich zu sein.

Verschärftes Konkurrenzverhalten und Rivalitäten gehören in diesem Ausleseprozess dennoch zu den selteneren Gefühlen. Die Geschichte von Jerry Quarry, einem weiteren zweifachen Ali-Gegner, der seinen jüngeren Bruder Mike im Sparring regelrecht verdrosch, steht historisch isoliert da (die »Weiße Hoffnung« der Nixon-Ära hat sich später dafür entschuldigt). Gerade im unerbittlichen Kampfsport ist das Verhältnis der Brüder offenbar von einer besonderen Zartheit und Rücksichtnahme bestimmt. Nicht nur wird das direkte Duell, eines der letzten Tabus im Sport, ausnahmslos gemieden. Die Anteilnahme am Ring-Schicksal des anderen ist nicht selten so groß wie beim US-Amerikaner Rafael Ruelas, der sich laut Bekenntnis erst als wahrer Weltmeister fühlte, als auch der um zehn Monate jüngere Bruder Gabe in den Neunzigern den Titel erwarb.

»Im Boxen sind Brüder gewöhnlich die größten Anhänger füreinander«, schrieb das legendäre US-Fachblatt »The Ring« einmal. »Die brutale Natur des Sports scheint das pubertäre Gezänk und die kleinlichen Eifersüchteleien aufzulösen, die oft diese besondere Beziehung verderben.«

Auch die Wohnzimmer-Duelle zwischen Torsten und Rüdiger May sind nie mehr als »Spielereien« gewesen. Wenn Vater May den Söhnen die Handschuhe zuschnürte und seine Frau die Sammelgläser in Sicherheit brachte, ging es anschließend um Finten und Manöver, die nur angedeutet blieben. »Ich hab nie richtig geboxt gegen Rüdiger«, sagt Torsten, »schon wegen des Altersunterschieds. Aber da war sowieso nichts mit Konkurrenz. Jeder von uns wusste früh, was man für's Boxen leisten muss. Wir respektierten uns. Deshalb mussten wir uns nicht noch gegenseitig angreifen.«

»Torsten war für mich der Vorreiter«, sagt Rüdiger. »Durch ihn konnte ich immer schon absehen, was auf mich zukommt. Die Spartakiade, die KJS, das alles war im Grunde nichts Neues für mich... Klar war er auch 'n Vorbild. Als er in Frankfurt zum Club kam, war er für mich erwachsen und als Boxer praktisch fertig. Ich hab da hingeguckt und gedacht: Det isset, da musste hin!«

So arbeiten sich die beiden Brüder nacheinander durch die harten Jahre an der KJS, jeder auf seine Art. Was Torsten, der Sensiblere, eher in sich Gekehrte, mühsam im Neuland durchlebt, wird stets der vorgefertigte Rohling, durch den Rüdiger, der Robuste, ohne nennenswerte Widerstände hindurchschlüpft. Torsten ist Rüdigers Dummy, nur mit dem entscheidenden Unterschied, dass er den Aufprall selber fühlt.

»In Freienwalde konnte ich schon mal ein Training ausfallen lassen, wenn ich keine Lust verspürte«, sagt Torsten. »In Frankfurt dagegen wurde teilweise dreimal täglich trainiert. Ich war gerade am Anfang oft überfordert.« Mehr noch als das Pensum aber störte den Feinnervigen die von der Kaserne entlehnte Pädagogik, mit der es in der KJS zu Werke ging. »Viele sind an ihrer Psyche zerbrochen, weil sie von den Trainern nicht verstanden wurden. Die haben immer nur auf den Kopf gekriegt, wo man es anders hätte machen können. Daran sind sie kaputtgegangen.«

Mehrmals kommt Torsten May an den Punkt, wo er zwischen Aufhören und Weitermachen schwankt – besonders, als ihm zusätzlich noch eine Lehre im »VEB Halbleiter Frankfurt/Oder« auferlegt wird und die Klasse auf weniger als die Hälfte zusammenschrumpft. Aber dann greift noch jedes Mal das elterliche Bollwerk aus Verständnis und Anfeuerung, das sich bei den Besuchen daheim oder umgekehrt in Frankfurt aufbaut. »Bei Mutter konnte man sich ausheulen, bei Vater wurde die Sache analysiert. So hieß es am Ende immer, dass man es vielleicht weiter durchhalten sollte, solange es irgendwie geht.«

Und es ging immer irgendwie, bei beiden. Torsten arbeitet sich bald bis auf zweite Plätze bei allen größeren Jugendturnieren hinauf. »Und dann dachte ich: Jetzt will ich auch mal Erster werden.« Da wird er nacheinander Spartakiade-Sieger, Juniorenmeister der DDR, Dritter der Senioren 1989. Und auf allen Stationen folgt ihm im Abstand von vier, fünf Jahren Rüdiger nach, der später, mit gerade achtzehn und neunzehn Jahren, von seinen 76 Seniorenvergleichen 55 gewinnt. Auch Rüdiger wird beim ASK von Karl-Heinz Krüger trainiert, während Torsten bald mit Axel Schulz zum Kader von Erfolgstrainer Manfred Wolke wechselt. Dorthin, wo auch ein gewisser Henry Maske trainiert.

Beim gelegentlichen Sparring mit dem Vorzeigeathleten der Nationalstaffel spürt Torsten May die Welten dazwischen (»Henry hat einen gleich ganz anders angeguckt. Und die Führungshand war so schnell, so mühelos«). Er hat jetzt aber auch ein Vorbild, einen elektrischen Hasen, der ihn hinter sich her nach vorne zieht. Mit Axel Schulz holt sich Torsten im September 1988 den Schlüssel für den Freizeitraum des ASK Frankfurt, wo die beiden Freunde nachts Maskes olympischen Triumph in Seoul am Fernseher verfolgen. Dann brettern sie laut johlend auf Axels Motorrad um die Häuserecken. Drei Jahre später wird Torsten erstmals gesamtdeutscher Meister und siegt bei den Weltmeisterschaften in Sydney. Noch ein Jahr darauf holt er in Barcelona selber Gold. Und Rüdiger wird Senior.

Aber Torsten hat nicht eben geglänzt beim olympischen Turnier. Die Knochenmühle aus Bundesliga-Terminen, Lehrgängen und Turnieren, die ganze windschiefe Struktur des Amateurboxens nach bundesdeutschem Muster sägt schon seit geraumer Zeit an seiner physischen und moralischen Substanz. Als er im nächsten Jahr, nach mehreren Bundesliga-Pleiten, gleich in der ersten Runde der Welttitelkämpfe in Tampere scheitert, läuft er zu Hause erneut Manfred Wolke über den Weg. Der Mann, der soeben Maske zum Profi-Champion umgeformt hatte, überredet ihn zum Wechsel. Und diesmal dauert es gerade noch sechs Monate, bis Rüdiger dem Beispiel seines Bruders folgt.

»Ich brauchte eine neue Perspektive« sagt Torsten May. »Und ich merkte schnell, wie ich von Wolke wieder aufgebaut wurde. Deshalb habe ich auch Rüdiger nie abgeraten. Er wurde nach meinem Wechsel ziemlich abfällig beim ASK behandelt; andererseits sollte er da nach einem einzigen Kampf bei den Senioren gleich einen Fünfjahresvertrag unterschreiben. Was da passierte, hatte mit Sport nichts mehr zu tun.«

Seitdem hat Torsten bis heute zwölf Kämpfe absolviert und Rüdiger sieben, immer erfolgreich bisher. Viermal haben sie auf der gleichen Veranstaltung geboxt, und auch da hatte Rüdiger es etwas leichter. »Ich hatte immer den ersten Kampf von uns beiden, konnte mich voll darauf konzentrieren. Danach sah ich mir in Ruhe seinen Kampf an.« Umgekehrt ist Torsten immer schon beim »Warm-up« in der Umkleide, wenn sein Bruder im Ring steht. »Als er in San Jose sein Debüt gab, war ich vor seinem Kampf aufgeregter als vor meinem. Ich dachte: ›Hoffentlich kommt er gut über die Runden!‹ Wenn ich zuschaue, habe ich manchmal das Gefühl, selbst im Ring zu stehen. Ich möchte ihm dann meine Erfahrungen rüberschicken, wenn er in Schwierigkeiten ist. Aber das legt sich jetzt allmählich. Inzwischen seh ich schon an seiner Körperhaltung, wann er seinen Gegner in den Griff bekommt.«.

Ulrich May war nicht sicher, ob seine beiden Söhne mit ihrer Entscheidung, die sie ohne Konsultation mit ihm getroffen hatten, den richtigen Weg gingen. Profiboxen, das war für ihn »die höchste Anforderung an Körper und Geist«, bei der man sich »keine Schaltpausen« erlauben darf. Und auch Heidemarie May hatte gewisse Bedenken – wegen der physischen Anforderungen und wegen der neuen Gesellschaft, von der sie sich auf einmal umgeben sah.

»Zuerst waren mir meine Kinder zu schade dafür. Ein großer Teil des Publikums sieht es nur als Belustigung. Die wollen dabei gewesen sein, wissen aber gar nicht, wie sich die Sportler für ihre Leistung mühen müssen.« Die Pfiffe für die Gegner, die reingebrüllten Sprüche von wegen »Hau ihm auf die Zwölf!«, das alles brachte auch Vater May an den Rand der Fassung.

Aber dann verschwanden die Spinner und die Spanner immer weiter nach hinten, während sich in den vorderen Reihen honorige Köpfe und Prominenz niederließen. Zusammen mit der Person des Trainers und des Managers Wilfried Sauerland vermittelte das bald den Eindruck, »dass da seriös gearbeitet wird«. Und damit sind die Weichen im Haus wieder voll auf Boxen gestellt. Nur wegen der Kämpfe seiner Söhne und der Weltmeister in ihrer Klasse, die er auf diese Weise studiert, hat sich Ulrich May den Videorekorder zugelegt. Vorrangig wegen der internationalen Ergebnisse aus Las Vegas oder Paris schaltet er jeden vorgerückten Abend auf Videotext. Dann kann es sein, dass Heidemarie May von ihrem Mann im Bett nach einer längeren Denkpause plötzlich hört: »Den Alfred Cole (amtierender Champion, d. Autor) kann der Torsten packen.«

Damit kann Heidemarie May leben, weil sie immer so oder sehr ähnlich gelebt hat. Umzingelt von Männern, die überlegen, wer wen besiegen wird. Solange die Römer im Regal nicht runterkommen und Torsten und Rüdiger »anständig« bleiben, soll es so sein. »Ganz andere Persönlichkeiten« sind ihre Söhne geworden, seit sie zu den Profis wechselten, sagt sie nicht ohne Stolz. »Torsten ist viel männlicher geworden, Rüdiger ist selbstbewusster. Beide treten ganz anders auf. Ich glaube fest daran, dass beide Weltmeister werden.«

Heidemarie May sollte sich irren: Weder Torsten noch Rüdiger wurden Weltmeister. Torsten wurde im August 1996 in Mallorca von Adolpho Washington regelrecht demoliert, Rüdiger verlor im September 2004 in Essen gegen Johnny Nelson in der 7. Runde vorzeitig.

Eine schlagende Verbindung

Die kleine Vorgeschichte dazu erzählt Dieter Kottysch fast noch lieber: Wie er damals mit frisch bandagierten Händen seelenruhig auf dieser Bank in den Umkleiden des olympischen Eisstadions lag und einschlief; wenn Staffelkamerad Peter Hussing ihn nicht geweckt hätte, »dann hätte ich das Finale wahrscheinlich verschlafen«. Was danach im Seilgeviert folgte, ist hinlänglich bekannt und ihm selbst nach 25 Jahren in jedem Detail präsent. Nur dass er geweint hat während der Siegerehrung, wie er bei der anschließenden Dopingkontrolle erfuhr, wusste Kottysch zunächst nicht. Doch insgesamt ist es noch immer, »als wenn das erst ein Jahr her ist«.

Es sind jedoch viel mehr vergangen, seit der gelernte Bauzeichner aus Hamburg in München 1972 durch seinen knappen Punktsieg über den Polen Wieslaw Rudkowski zum Olympiasieger im Halbmittelgewicht avancierte – und damit zum einzigen Boxer der Bundesrepublik, der zu den dreizehn Goldmedaillen einen Beitrag lieferte. Der finale Triumph des beherzten Kämpfers war aber nicht nur die kaum erwartete Energieleistung eines unterschätzten Außenseiters, der zuvor mit dem Briten Alan Minter einen späteren Profi-Weltmeister ausschalten konnte. Er festigte kurioserweise auch die bis heute anhaltende Freundschaft zu dem Mann, mit dem Kottysch sich an jenem 10. September 1972 so erbittert um das Gold gefetzt hatte.

Neun Jahre zuvor, im Sommer 1963, war man sich am Rande eines deutsch-polnischen Länderkampfs in Lodz zum ersten Mal begegnet – Rudkowski als 16-jähriger Juniorenmeister, den sie gerade zu Legia Warschau geholt hatten, und Kottysch als jüngstes Mitglied der BRD-Seniorenstaffel, der vom folgenden Jahr an fünfmal hintereinander nationaler Meister im Weltergewicht werden sollte. Sich mit dem jungen Polen über Trainingsinhalte auszutauschen, war für den in Gliwice (Gleiwitz) aufgewachsenen Kottysch kein Sprachproblem. So baute sich durch Briefe und dann durch Besuche ein immer intensiverer Kontakt auf, der durch zwei sportliche Duelle eher bestätigt als beeinträchtigt wurde. Im September 1970 in Stuttgart siegte Dieter alias »Kiste« nach Punkten; im November 1971 in Wroclaw (Breslau) revanchierte sich »Wieszek« – wenn auch schmeichelhaft, wie beide hinterher fanden.

Festzustellen war in beiden Fällen nämlich ein gewisser Vorteil für den deutschen Rechtsausleger, dessen beständig arbeitende Führhand und Kondition dem an Reichweite überlegenen Stilisten aus Polen, auch er Rechtsausleger, nie behagten. Und wahrscheinlich war dies der Grund, warum Rudkowski seinen Freund im olympischen Dorf von München nicht empfangen mochte, obwohl der zweimal im polnischen Quartier vorstellig wurde. »Onkel Wieszek«, wie Kottyschs Tochter Alexandra ihn längst nannte, wollte Gold statt Nettigkeiten. Es wurde Silber, und statt Rudkowskis ging das Bild des vor Glück weinenden Deutschen, dem die Tochter an den himmelblauen Kampfmantel sprang, um die Welt. Weniger bekannt ist, dass beide noch in derselben Nacht mit ein paar anderen Boxern ausgiebig um die Münchner Häuser zogen. Der angetrunkene Hamburger hatte den volltrunkenen Warschauer mit der verpflasterten Augenbraue schließlich ins letzte Taxi gekippt.

Seitdem sind Teilnehmer Nr. 126 (Kottysch) und Nr. 257 noch näher beieinander. »Wenigstens einmal im Jahr« zieht es Kottysch nach eigener Schätzung an die Weichsel; etwa genauso oft findet sich Familie Rudkowski in der Buchholzer Drei-Zimmer-Wohnung seines Freundes ein. Wohlhabend hat das Münchner Finale keinen von ihnen gemacht. Rudkowski wurde noch einmal Europameister, dann kurzfristig Trainer und endlich Privatier mit einer kleinen Aufgabe im polnischen Olympiakomitee; Kottysch kehrte nach einem kurzen Intermezzo beim Hamburger Amateurverband in den erlernten Beruf zurück. Der Gemütsmensch mit dem dicken Schädel fand sich schon zu alt, um dem Profi-Angebot eines Kölner Promoters zu folgen. Das schmale Salär einer BAT-VI-Stelle bei der Stadt konnte ihn aber nie davon abhalten, auf dem Weg nach Polen immer etwas Nützliches für seinen Kumpel mitzunehmen.

Vor zwei Monaten erst hat der Dieter dem Wieszek noch einen Teppichklopfer per Post zugeschickt, denn »sowas gibt's da momentan nicht«. Durchschlagender im Erfolg war nur noch die Video-Kassette vom olympischen Duell, die dem Polen zu dessem zehnten Jahrestag zuging. »Da hat er hinterher angerufen und mir erstmals gesagt: ›Dieter, du hast das Ding tatsächlich gewonnen‹«, grinst Kottysch. So unbelastet und einvernehmlich wünscht sich »Kiste« auch die Verhältnisse zwischen den heutigen Profis, deren schrille Überzeichnung zu blutrünstigen Feinden ihn »regelrecht anwidert«. Seine deutsch-polnische Freundschaft ist ja auch vor dem Hintergrund einer Geiselnahme gewachsen, die die Spiele in München fast beendet hätte. »Mein Gott«, entfährt es Kottysch manchmal, »das Leben ist so kurz.«

»Das Reißerische« am aktuellen Boxboom hat ihn aber auch mit dem gelegentlichen Verdacht ausgesöhnt, seine Medaille »zwanzig Jahre zu früh« errungen zu haben. Denn dass er wohl eher zu den vergessenen Siegern gehört, hat Dieter Kottysch neulich wieder zu spüren bekommen. Da schickte ihm das ZDF für ein neu bestelltes Video vom 72er Turnier eine Rechnung über rund 800 Mark Bearbeitungsgebühr ins Haus. Der damals 54-jährige Bauzeichner Dieter K. aus B. hat sich kurz gewundert – und dann ohne Protest gezahlt.

RUNDE 6

Der Montags-Club

Manchmal musst du dein eigenes Geld nehmen, wenn du an eine Geschichte glaubst. Der Flug nach Glasgow war noch billig im Vergleich zu der Leihgebühr für den Smoking-Anzug, den ich im Februar 2001 bei einem Hochzeits-Ausstatter für einige Tage leaste. Bei den Dinnerbox-Abenden von Tommy Gilmoure Jr. erscheint man eben nicht als Strauchdieb, wenn man schon mal eingeladen ist. Dafür konnte ich im festlichen Ballsaal des Posthouse City Hotels eine Reise in die Vergangenheit erleben. Bei Tommy ist Boxen noch ein Gesellschaftsvergnügen, das den noblen Mitgliedern seines All-Gents-Club vorbehalten bleibt. So mag der raue Sport zwischen Dundee und Devonshire in früheren Zeiten auch angefangen haben – wenn man es, wie seine Gäste, von oben betrachten kann. Die Kombi aus Kiltrock und Smokingjacke fand ich allerdings gewagt: Zu viele stachelige Beine.

Der Saal ist keine Schönheit, aber gut und groß genug. Und wenn die Tische alle perfekt hergerichtet sind, kann es schon feierlich werden in der »Albany Suite« des Posthouse City Hotels. Dann steigen hier im geschäftigen Zentrum von Glasgow prachtvolle Bälle, große Hochzeitsgesellschaften oder sprudelnde *Comedy Nights* – eben alles, was das Herz eines echten Schotten am Ende eines arbeitsreichen Tages erfreut.

Etwa jeden vierten Montag aber kommt in dem langgestreckten Ballroom ein außergewöhnliches Spektakel zur Aufführung. Wo sonst eine üppige Banketttafel oder eine kleine Rednerbühne ist, steht jetzt ein quadratischer Ring in der Mitte des Raums. Und die darin auftreten, geben keine Sketche, keine Tänze und keine Zaubertricks zum Besten. Es sind Berufsboxer, die sich nach allen Regeln ihres Sports um die Ohren hauen, was sie durch jahrelanges Training gelernt haben: Hunderte von Jabs, Haken und Uppercuts.

Solch ein *Bloody Business* wäre seiner Natur nach im Grunde wenig geeignet für einen stilvollen Abend in dem stadtbekannten Drei-Sterne-Hotel. Doch unter der Regie von Promoter Tommy Gilmoure Jr. geschieht hier regelmäßig genau das. Der 48-jährige Impressario steht schließlich nicht nur einem All-Gents-Club vor, der sich der beinahe ausgestorbenen Spielart des sogenannten Dinnerboxens verschrieben hat – dem *St.Andrew's Sporting Club.* Er beherrscht auch die seltene Kunst, den eher rauen Faustkampfsport stilsicher als Sportgala der Extraklasse zu präsentieren.

Eine schraffierte Fliege am Hals und darüber ein angedeutetes Lächeln, steht der 48-Jährige auch heute Abend wieder in tadelloser Dinner-Garderobe am Eingang der Hotelsuite und lässt den Blick zufrieden über die fein gedeckten Tische mit den frisch gedruckten Programmheften schweifen. »Jedes Detail bei so einer Veranstaltung zählt, damit das Ganze stimmt«, erklärt er »Es gibt absolut nichts, was dabei unwichtig wäre.« Nur wenige Minuten noch, dann werden die dreihundertundnochwas Besucher eintreffen, die sich vorab schriftlich avisiert haben – Mitglieder des Clubs vornehmlich, die ein oder zwei Geschäftsfreunde einladen durften. Darüber hinaus kommt hier kein Fremder rein.

Für die honorigen Gäste von Tommy Gilmoure sind die Dinnerbox-Abende inzwischen längst eine Institution. Seit 28 Jahren schon steigen sie als Vergnügen einer geschlossenen Männergesellschaft – ganz so, wie der professionelle Faustkampf zu Beginn des letzten Jahrhunderts in Großbritannien gedieh. Der Dresscode schreibt heute wie früher die Smoking-Garderobe vor, und allgemein gibt es an den Clubabenden weder gemeines Volk noch andere Frauen zu sehen als ein paar Serviererinnen und ein mittlerweile 38-jähriges Nummerngirl namens June. »Die gute June«.

So schreiten sie nun wieder um Würde bemüht zur offenen Tür hinein wie Angehörige einer verschworenen Loge – aufrechte Männer in Smoking und Fliege, die es im Leben bereits zu etwas gebracht haben. Wie der Industrielle John Cooper nebst Sohn Derek, der kahlköpfige Schauspieler Alex »Happy« Howden, der als Amateur selbst über 160 Kämpfe im Mittelgewicht bestritt, oder John McKenzie, der als Beigeordneter heute den Rat der Stadt Glasgow vertritt. Dazu der betagte Ex-Profi Bobby McEwan, der die Smokingjacke nach schottischer Tradition mit dem Kilt kombiniert, und natürlich auch der in den Ruhestand versetzte Stahl-Manager Patrick Farrell – ein Gründungsmitglied, das bis heute »höchstens zwei der drei Abende« versäumt hat.

»Ich darf von mir sagen, dass ich noch immer nichts vom Boxen verstehe«, erklärt Farrell freimütig, »und doch muss ich immer wieder dabei sein. Es ist mir auch nicht wichtig, wer hier gewinnt. Für mich zählt nur, dass sie alles geben.«

Vor den vier Ringduellen des heutigen Abends hat das Protokoll aber erst einmal die vier Gänge des Menus gesetzt sowie etliche Rituale. Der Einzug von Tommy Gilmoure und seinen Ehrengästen, diesmal allesamt Manager schottischer Proficlubs, wird wie immer mit stehenden Ovationen bedacht. Der anschließenden Begrüßung mit dem Toast auf die Gesundheit der Faustkämpfer folgen dann diverse Ansprachen, die mit der Rede des jeweiligen Ehrengasts ihren rhetorischen Höhepunkt erreichen. Der ist kaum vorüber, als die Hotel-Bediensteten schon das Melonenduett mit zwei Saucen hineinschieben – Auftakt zu einem ambitionierten Menü, in deren Verlauf sich die Versammelten angeregt austauschen werden.

Wann hatte Walter McGowan seinen WM-Titel im Fliegengewicht verloren? Sind Sie immer noch im Transportgeschäft? Wie ging dieser Witz mit dem Betrunkenen und der hässlichen Frau? Solch vielfältiger Art sind die Fragen, die zwischen der *Potage á La Queue de Beouf* und den *Profiteroles Aux Chocolate* erörtert werden. Als Alex Howden dann gerade seine erste Zigarre angezündet hat, wird es plötzlich unheimlich ruhig im Saal. Im Ring stehen Peter Buckley aus Birmingham und Kevin England aus Sheffield samt Ringrichter. »Sechs mal zwei Minuten im Halbweltergewicht«, verkündet der Ringsprecher mit erhobener Stimme. Gleich danach ertönt die Rundenglocke.

So eine Wemserei vor gefüllten Bäuchen mag vielleicht wie der letzte Schrei einer genusssüchtigen Gesellschaft wirken. Doch im Grunde ist es eher eine Reise zurück. Es waren privat geführte Sozietäten wie der 1891 gegründete *National Sporting* Club im Londoner Covent Garden, die dem anrüchigen Faustkampf zu Beginn der Moderne einen akzeptablen Auftritt verschafften. Solange diese Kämpfe unter dem Dach und der Verantwortung eines Clubs stattfanden, ließ die Polizei sie damals zu. Dabei fungierte der Londoner Club de facto als provisorischer Verband. Er schrieb Titelkämpfe aus und verlieh den britischen Champions ihren Meistergürtel, den »Lonsdale Belt«, bis 1929 endlich das »British Boxing Board of Control« eingeführt wurde.

Seither obliegt die Aufsicht über das Profiboxen im Königreich den gewichtigen Männern des BBBC. Doch als Plattform für das *Socialising* sportbegeisterter Herren lebte die Club-Idee überall weiter fort. In Glasgow etwa hielt der »Central Sporting Club« bis Mitte der Sechziger seine geschlossenen Box-Gesellschaften ab. Daran suchte auch der nach Schottland zugewanderte Geschäftsmann Moss Goodman anzuknüpfen, als er 1972 mit einflussreichen Freunden – und der Patronage der Earls von Rosebery und Elgin – den »St. Andrew's National Sporting Club« gründete. Der sollte im Ballsaal des Posthouse Hotels den jungen Talenten ein »Home of Scottish Boxing« bieten, wie es im Club-Wappen steht, und seinen männlichen Mitgliedern Gesellschafts-abende im gehobenen Stil.

Beide Absichten wurden eindrucksvoll unterstrichen, als der Club am 29.Januar 1973 mit einem veritablen Knüller eröffnete. Ken Buchanan, Edinburghs entthronter Ex-Weltmeister, traf im Hauptkampf auf den späteren Weltmeister Jim Watt, einen echten *Glaswegian.* Das rasante Duell um den britischen Titel im Leichtgewicht hinterließ bei Punktsieger Buchanan ebenso deutliche Spuren wie bei seinem Gegner, und die knapp 900 Zuschauer im randvollen Saal standen Kopf. Die *Toughness* zäher, leichter Männer, aber auch ihre Fairness – das war die schottische Box-Tradition, wie sie von Benny Lynch, Jackie Paterson und anderen legendären Champions dereinst begründet wurde.

Von da an haben alle toughen, leichten Männer Schottlands, die später britische und internationale Titel gewinnen konnten, irgendwann einmal im *St. Andrew's* geboxt. Und es ist Tommy Gilmoure Jr. immer wieder ein sichtbares Vergnügen, die Litanei ihrer Namen herunterzubeten: Gary Jacobs, Europameister im Weltergewicht aus Glasgow; Pat Clinton, Weltmeister im Fliegengewicht aus Croy; Paul Weir, Weltmeister im Halbfliegengewicht aus dem nahen Irvine. Und Evan Armstrong, Joe Kelly und Drew Docherty, die allesamt hier im Club britische Champions wurden. »Wir sind eine kleine Nation von fünf Millionen Menschen«, sagt Gilmoure bewegt, »aber was wir erreicht haben ist vielleicht mehr als das, was sonst fünfzig Millionen schaffen.«

Gilmoure hatte den Club im Juni 1987 übernommen, um dessen Renomme bis heute weiter auszubauen. Doch sein Leben in der Boxwelt begann viel früher. Er war sieben, als sein Vater Tommy Sr., als Schottlands bekanntester Promoter auch »Mr.Starmaker« genannt, ihn an seinen Kampfabenden die Rundentafel hochhalten ließ. Nicht viel später mischte er sich unter die Kiebitze in den zahllosen Gyms der Arbeiterstadt am Clyde. Da entstand sehr früh »der Traum, einen Weltmeister zu haben« und die Promoter-Tradition der Familie fortzusetzen. Schließlich hatte schon Großvater Jim, beim olympischen Box-Turnier 1920 in Antwerpen ein Bronzemedaillist, in Glasgow veranstaltet.

Niemand in Schottland wunderte sich also, als der kleine Gilmoure vom Eimerträger und Assistenztrainer zum Promoter und Club-Eigentümer avancierte. Dennoch dauerte es, bis man ihm neben den günstigen Genen auch eigenes Potenzial zugestand. Es war Gilmour III., der St. Andrew's während magerer Zeiten durch seine charmant ausgespielten Kontakte wirtschaftlich überleben ließ. Der es schaffte, die Liste der Ehrengäste um große Sport-Heroen wie den sechsfachen Snooker-Weltmeister Stephen Hendry oder Schwergewichts-Champion Lennox Lewis zu erweitern. Und es war auch Gilmore III., der den Clubabenden mitunter neue sportliche Dimensionen verlieh. Wie im Oktober 1993, als in dem Ballsaal die Titelverteidigung von WBO-Champion Paul Weir gegen Lindi Memani stieg – und damit die erste Box-WM der Moderne in einem privaten Club.

Dafür ackert Gilmoure in seinem Büro im zehnten Stock des Posthouse Hotels oft bis in den späten Abend hinein, sekundiert von Mary, der Bürohilfe, Matchmaker Graham Lockwood und seiner Frau Veronica. Schließlich muss alles, was im Namen des Clubs geschieht, vollendeten Stil aufweisen – von den Anschreiben an die Mitglieder, in denen um rechtzeitige Reservierung gebeten wird, bis zu den in Hochglanz gedruckten Programmheften. Denn »wenn du einmal auf einem gewissen Level von Qualität beginnst, kannst du nicht mehr davon runter«.

Heute abend aber wird das oberste Level nur in der Küche erreicht – und nicht im Boxring. Punktsieger Peter Buckley und Kevin England haben im Ballsaal einen eher mittelprächtigen Kampf ohne größere Höhepunkte geliefert. Danach ist mit dem Edinburghian Lee Sharp der einzige Schotte auf der Fight Card dieses Abends eingegangen; der Punktsieg für seinen aggressiveren Gegner Arv Mittoo aus Birmingham fiel so deutlich aus, dass niemand im Saal protestierte. Der dritte Vorkampf wiederum war bereits nach exakt 1:43 Minuten der zweiten Runde beendet, da Mohamed Helel aus Hartlepool nach einem Treffer auf die kurze Rippe nicht mehr kampffähig war. Sieger durch Abbruch: Gary Ryder aus Liverpool.

Allein der Hauptkampf vermag die Aufmerksamkeit der Versammelten auf sich zu ziehen. Da liefert sich Ryders Stallgefährte Alex Moon, die Nr. 7 der britischen Rangliste, mit Anthony Hanna, dem Midland Area Champion aus Birmingham, ein enges Match im Super-Federgewicht. Sechs mal drei Runden lang stehen die hartnäckigen Kontrahenten »toe to toe« (Fußspitze an Fußspitze), um sich alles, was sie jemals gelernt haben, um die Ohren zu hauen. Bald blutet Hanna aus der Nase, während die Partie über Moons Augen bedenklich anschwillt. Am Ende hebt der Unparteiische dessen Arm in die Höhe, und von den Tischen, auf denen jetzt Weinflaschen stehen, kommt artiger Beifall herüber.

Sie haben hier auch schon Scheine und Münzen in den Ring geworfen, erzählt Patrick Farrell, wenn sie von einem Match wirklich begeistert waren. Und als sich der so hoffnungsvolle Kris McAdam hier vor zehn Jahren mitten in einem *title eliminator* den Knöchel brach, gab es stehende Ovationen. »Wir sind hier nicht so steif, dass wir keine Gefühle zeigen könnten.« Nur hat an diesem Montag das gewisse Etwas gefehlt, dass einen distinguierten schottischen Geschäftsmann in ein emphatisches Monster verwandeln kann. Der zündende Funke, der »ultimate thrill«. Das kann doch mal vorkommen, oder?

Patrick Farrell ist jedenfalls bester Laune, als er gegen elf mit mehreren Freunden die Albany Suite verlässt. Einige Gäste schwanken schon bedenklich, andere haben noch immer nicht genug. Die werden gleich mit Tommy Gilmoure Jr. und einigen Ehrengästen an der Bar des Hotels stehen, um sehr bald wieder dieses schottische Gefühl zu kriegen: Dass man in diesem kleinen, herrlichen Land eigentlich alle Leute von irgendwoher kennt. Und natürlich werden etliche wieder fragen: »Tommy, wann ist unser nächster Abend?«

Seltsame Zweifel im 12. Profijahr

Enorm ist noch gar kein Ausdruck für das öffentliche Interesse, das Regina Halmich in diesen Tagen entgegenschlägt. Rund tausend Menschen pilgerten am Mittwoch ins Magdeburger City-Carré, um das öffentliche Training der Box-Weltmeisterin zu verfolgen. Die anschließende Autogrammstunde dauerte mit 45 Minuten länger als ein komplettes Ringduell. Nach elfeinhalb Jahren und 50 Profikämpfen müsste man theoretisch davon ausgehen dürfen, dass inzwischen jeder deutsche Staatsbürger ein Signum der Boxerin besitzt. Doch wie bei Nena und Grönemeyer geht auch diese Erfolgsgeschichte immer noch weiter.

Die Halmich bleibt eine Quoten-Queen: Bei ihren letzten drei Kämpfen haben der ausgebildeten Rechtsanwaltsgehilfin aus Karlsruhe rund 20 Millionen Fernsehzeugen zugeschaut. Auch für ihr Rematch mit der US-Amerikanerin Elena Reid darf man am Samstag mit Reichweiten rechnen, die von der männlichen Belegschaft der Hamburger Universum Promotion allenfalls Schwergewichtler Luan Krasniqi derzeit erreicht. Deshalb ist das anschwillende Geraune über das bevorstehende Karriereende der 28-Jährigen, die schon mal Unlust über hohe Trainingsbelastung bekundet, überflüssige Spekulation. Die Branchenführerin darf jetzt nicht aufhören und wird, wie man hört, mit aufgestockten Gagen erfolgreich davon abgehalten, laut daran zu denken.

Auch der 51. Kampf werde definitiv nicht ihr letzter sein, ließ sich die Fliegengewichtlerin bereits vernehmen – ganz egal wie er ausgeht. Außerdem möchte sie erst mal »klare Verhältnisse schaffen«. Vor 15 Monaten wusste die Titelverteidigerin gegen die Dominanz von Elena Reid kein rechtes Mittel und war mit zunehmendem Verlauf schwer unter die Räder geraten. Nur das aberwitzige Votum eines deutschen Punktrichters, der sie in vorauseilendem Gehorsam vorne sah, rettete damals Remis und Titel. Damit sei »niemand zufrieden gewesen«, sagt Halmich, »ich nicht, Elena nicht und auch die Fans nicht«. Das ist noch eine höfliche Umschreibung für ein Fehlurteil, das weder ihrem Ansehen noch dem des Preisboxens geholfen hat. Darum will sich die Championesse erneut der »unbequemen Aufgabe« stellen.

Was da als mutige Entscheidung verkauft wird, ist jedoch auch ein »smart move«. Mit ihrem feinen Gespür für die Stimmungen um sie herum hat Halmich registriert, dass ihr Image einer fast unbesiegbaren Ausnahmeathletin kleine Risse bekommen hat. Im internen Kreis mögen die Nachrichten aus dem Sparring, bei dem sie auch gegen Stallgefährtinnen wie Alesia Graf Mühe hat, schon länger kursieren. Durch die schwache Vorstellung gegen Reid aber ist erstmals auch nach außen gedrungen, dass Regina H. aus K. durchaus irdisch und zu schlagen ist. Nun ist sie gefordert, wie sie weiß, »weil sich viele fragen: Was hat die Halmich denn nun wirklich drauf?«.

Seltsame Zweifel im zwölften Profijahr – doch nun müssen sie eindeutig widerlegt werden. Da braucht es beste Bedingungen wie etwa die, dass auf Wunsch der Weltmeisterin diesmal kein einziger Deutscher unter den Offiziellen ist. Eine deutsche Boxerin, die sich vor der Gunst deutscher Punktrichter schützen will – das hat die notorisch verdächtigte Fäustkämpfer-Szene auch noch nicht gesehen. Regina Halmich aber geht das damit verbundene Risiko ein, weil sie an den sportlichen Erfolg ihrer Mission glaubt. Noch einmal will sie sich von der technisch und physisch starken Rechtsauslegerin aus Las Vegas nicht in die Defensive dringen lassen. »Ich muss von Anfang an die Marschroute vorgeben«, sagt sie – was nur bedeuten kann, dass es von der ersten Runde an nach vorne geht.

Das aber wird nicht leicht, denn die um vier Jahre und 26 Vergleiche frischere Reid hat das Potenzial, der Weltmeisterin in jeder Hinsicht die Show zu stehlen. Im knappen Workout-Dress wusste auch sie bei den öffentlichen Terminen in Magdeburg mit Zaunguckern und Kameraleuten zu kokettieren. Außerdem ist sie bei allem Respekt für ihre Gegnerin überzeugt, sich noch erheblich verbessert zu haben – auch wenn sie inzwischen einen Kampf im Bantamgewicht durch einen Cut verlor. Am Samstag werde sie »noch aktiver als beim letzten Mal« sein, erklärte sie einem Aufnahmeteam, und somit »noch eins draufsetzen«.

Zwei überzeugte und topfitte Kontrahenten, die gleich das Heft in die Hand nehmen wollen – so fangen bei Damen wie Herren die fulminantesten Vergleiche an.

Regina Halmich gewann den Rückkampf gegen Elena Reid im Dezember 2005 einstimmig nach Punkten.

RUNDE 7

Gullivers Fäuste

Selten ist die Prise Zirkus im Preisboxen so deutlich zu spüren gewesen wie mit den jüngsten Auftritten von Nikolai Valuev – und das liegt weniger an ihm selbst. Der drei Zentner schwere Gigant aus Petersburg müht sich redlich, einen passablen Boxer abzugeben statt einen wilden Schläger bzw. einen wirklichen Menschen statt ein Monster. So lernte ich ihn jedenfalls im Januar 2005 in seiner Heimatstadt St. Petersburg kennen. Doch wie es aussieht, ist das ein aussichtsloser Kampf. Nachdem Valuev Ende des Jahres in einer umstrittenen Entscheidung zum ersten russischen Champion in der modernen Geschichte des Schwergewichts avancierte, erntete er mehr Pfiffe als Applaus. Und jede Wette: Es lässt ihn nicht so kalt wie er nach außen tut.

Dieser Ring ist ein magisches Viereck, sagen sie, eine kleine, grell erleuchtete Bühne für große Emotionen, und schon der Auftritt darin eine Kunst für sich. Manche schlüpfen durch die obersten Ringseile hindurch, die würdige Männer im Anzug für sie auseinanderdehnen; andere springen elegant bis witzig darüber. Nikolai Valuev aber löst das Problem auf seine Art: Er schreitet einfach über die Seile hinweg. Für den kolossalen Boxer ist da nur eine niedrige Hecke, die seine Waden umspielt. Unter der Kapuze des Kampfmantels blicken die Augen stoisch und konzentriert.

Das coole Entree ist inzwischen zum unbeabsichtigten Markenzeichen geworden, das Publikum johlt dabei wie im Bierzelt. Für den Bestaunten ist es dagegen selbstverständlich: Wie sonst sollte er unter diesen Voraussetzungen ins Seilgeviert finden? Aber so ist das eben, wenn man den Zirkus der Faustkämpfer mit Schuhgröße 51,5 betritt: Man fällt, ob gewollt oder nicht, ständig aus dem Rahmen. Zu Hause in St. Petersburg wurde Valuev schon als Gymnasiast angestarrt, wenn er durch die Straßen lief. Und nun wird er in deutschen Hallen als das nächste große Ding im Berufsboxen präsentiert.

Am kommenden Samstag kann der 213 Zentimeter große Hüne sogar Weltmeister werden. Er ist offizieller Herausforderer für John Ruiz, den amerikanischen Titelträger der World Boxing Association (WBA), einem von vier etablierten Dachverbänden. Wenn Valuev diesen nicht sehr hoch eingeschätzten Champion in Berlin schlagen kann, dürfte er sich als erster Russe in der Geschichte seines Sports den WM-Gürtel in der Königsklasse umlegen lassen. »Das wird sehr schwer werden«, ist er selbst überzeugt, denn »man wird nicht umsonst Champion«.

Im Grunde aber geht es um viel mehr. Mit John Ruiz möchte Valuev auch die Zweifel besiegen, die sich seit seinem ersten Profikampf wie hartnäckiger Kaugummi an seine riesigen Sohlen geheftet haben. Wie jeder Gigant vor ihm ist auch er als publikumswirksame Attraktion am Ring willkommen gewesen – ein echter Hingucker wie einst Primo Carnera (1,98 Meter), den mafiöse Kreise in den Dreißigern aufbauten, oder Ewart Potgieter (2,18 Meter), Südafrikas weißer Ring-Elefant der Fünfziger. Doch bis vor ein, zwei Jahren hat nicht einmal sein deutscher Promoter Wilfried Sauerland daran geglaubt, dass sein klobiger Schützling das Kaliber zum Weltmeister hat.

Nach 41 Siegen in 42 Vergleichen (ein Kampf ohne Wertung) hat sich der drei Zentner schwere Einzelkämpfer nun zumindest etwas Respekt verschafft. Einmal in Gang gekommen, war er bis dato auch von den unerschrockensten seiner Aufbaugegner nicht zu stoppen. Nur elf von ihnen erlebten stehend die volle Distanz. »Der schüttelt sich kurz und macht einfach weiter«, wunderte sich ein amerikanischer Widersacher, der ihn ernsthaft zu attackieren versuchte. Ähnlich klagte der Italiener Paolo Vidoz, in Sydney immerhin Olympiadritter, dass seine Treffer nicht annähernd so wirkten wie der selbst erlittene doppelte Kieferbruch: »Ich spüre meine Hände nicht mehr.«

Für andere bleibt der ehrgeizige Spätstarter dennoch ein kolossaler Hype. Die unübersehbaren technischen Defizite, der Mangel an Dynamik und Beweglichkeit – das alles dürfte Valuev im Vergleich mit einem der weltbesten Schwergewichtler entscheidend im Wege sein. So gibt sich zumindest ein Großteil der so genannten »Ringsider« entrüstet überzeugt – als käme Valuevs Aufstieg einer Beleidigung für den Boxsport gleich. Schiebt er die Rechte nicht so bedächtig wie einst Carnera? Und war nicht auch der letzte Punktsieg in einem Ausscheidungskampf zur WM zumindest umstritten?

Der Zikadengesang der Skeptiker wird ihn auch beim Showdown in Berlin begleiten, weiß Valuev – und vielleicht noch darüber hinaus. Auch er war nach seiner jüngsten Vorstellung »mit etlichen Dingen nicht zufrieden«, wie er übersetzen lässt, ohne dabei ins Detail zu gehen. Wie er überhaupt eher den kurzen Satz liebt, den er wie eine trockene Gerade abfeuert – kurz, präsise, ohne sichtbare Emotion. Doch wer auf die Zikaden hört, ist für ihn selber schuld: » Das Wichtigste ist, an sich selbst zu glauben… Ich trete gegen jeden Weltmeister an.«

Am liebsten aber wäre ihm Wladimir Klitschko, denn mit den ukrainischen Publikumslieblingen ist das etwas Besonderes. »Damals war der Promoter Klaus-Peter Kohl in Petersburg, um mit mir zu sprechen«, so Valuev. »Doch dann hat er die Klitschkos verpflichtet. Ich würde gerne beweisen, dass dies eine falsche Entscheidung war.« Bis dato jedoch ist sein Ruf auf die Region Petersburg beschränkt; das russische Fernsehen wird seinen Titelkampf nicht live übertragen. Nikolai Valuev hat noch sehr viele von sich zu überzeugen.

»**Klitschko, Ruiz!** Manchmal boxe ich im Schlaf selbst gegen sie«, stöhnt Manuel Gabrielian. Dann verzieht der energische Mann sein Gesicht zur Grimasse und schlägt mit der Faust in die flache Hand, dass es ordentlich knallt. Hier in St. Petersburg, unter dem Dach der Leichtathletik-Halle im Stadtteil Sosnovica, führt der 50-jährige Armenier Nikolai Valuevs Trainingsregiment. Dabei ist er unerbittlich. An diesem Abend etwa lässt Gabrielian seinen Schützling in einer Ecke nahe der Tartanbahn über eine Stunde lang pausenlos auf seine ledernen Handpolster schlagen, bis er selbst vor Schmerzen in den Handgelenken die Miene verzieht.

Insgesamt sechstausend Mal trommeln Valuevs Fäuste mit gebremster Wucht auf die Lederpratzen, während hinter den beiden Läufer über die Tartanbahn sausen. Auf diese Weise soll der drei Zentner schwere Gigant auch in den letzten Runden eines Titelkampfs noch in der Lage sein, die Schlagfrequenz hoch zu halten, erklärt der Trainer. Das heißt: höher als Ruiz oder Klitschko. Für Gabrielian ist der Gigant ein Schüler, der das vorgegebene Programm diszipliniert und ehrgeizig, wenn auch nicht enthusiastisch erfüllt.«Man muss ihn bewegen«, so Gabrielian, »dann arbeitet er.«

Etliche Jahre ist es her, dass der einstige Amateurtrainer vor dem Fernseher gebannt einen Kampf von Valuev verfolgte. Gabrielian sah die offensichtlichen Mängel, aber gleichzeitig auch das Potenzial. In dem Moment wurde eine nicht unbescheidene Vision geboren: Er würde aus diesem großen, unfertigen Sportlerklumpen einen Boxer formen, der durch Urkraft und Können eines Tages beinahe unschlagbar ist. Inzwischen sind die beiden Außenseiter zu einem eingespielten Tandem verwachsen, das es der Welt beweisen will. »Kolya hat die anderen inzwischen eingeholt«, glaubt Gabrielian. »Er muss nur häufig genug kämpfen.«

Also schlägt und schwitzt Valuev immer weiter – ein emsiger Arbeiter, der fehlendes Talent mit Entschlossenheit und eisernem Willen kompensiert. Draußen in Selenagorsk, rund 40 Kilometer nördlicher am finnischen Meerbusen, haben sich die beiden bald nach dem letzten Kampf zum Grundlagen-Training zurückgezogen. Mitten in einem Birkenwäldchen schuftete Valuev im bescheidenen Trainingscamp, hackte Holz und drehte seine Joggingrunden. Nun folgt, was Trainer die »spezifische Ausprägung an den Geräten« nennen. Danach geht es zum Sparring in die Sportschule Kienbaum bei Berlin. Über 80 Runden mit insgesamt fünf Trainingsgegnern stehen auf dem Plan.

Dieser Ruiz ist ein unbequemer Wühler, weiß Valuev, der bleibt beinahe ständig in der Nahdistanz. Deshalb werde es für ihn darum gehen, abwechselnd die Distanz zu wahren, um sie dann plötzlich zu überbrücken. »Wir wollen dem Publikum auch etwas bieten«, so Valuev, »gerade nach dem letzten Mal.« Aber hat er auf eine Art nicht schon gewonnen, wenn man an seine Rekordbörse für diesen Abend denkt? Da verfinstert sich der Blick unter der breiten, riesigen Stirn: »Wenn du so denkst, bist du schon der Verlierer.«

Es braucht Zeit, hinter der imposanten Statur den nachdenklichen Menschen wenigstens zu ahnen. Richtig nah dran kommen die meisten aus freiem Antrieb erstmal nicht; umgekehrt wartet er selbst zunächst ab. So geht das im Prinzip, seit der Sohn eines Armee-Schlossers als Teenager auf zwei Meter und mehr aufschoss. Es hat ihn damals nicht unbedingt glücklich gemacht, erzählt er, und vor allem nicht athletisch:«Ich konnte mit diesem Körper zuerst nicht gut umgehen. Mir fehlten Spannung und Koordination.« Wie sehr seine Seele darunter gelitten hat, erfährt man von ihm nicht. Kurze Sätze, geschlossene Deckung; bloß keine Wirkung zeigen.

Nikolai Valuev, geboren am 21.August 1973, hat zuerst Basketball gespielt. Doch bald ist er es leid, »für Fehler bestraft zu werden, die andere gemacht haben«. Er schließt sich den Leichtathleten an, die er manchen Nachmittag bei ihrem Training sehnsüchtig beobachtet – darunter künftige Topstars wie Jelena Isinbayewa, die Weltrekordlerin im Stabhochsprung. »Sie konnten wunderbar mit ihren Körpern umgehen«, sagt Valuev, »sie wurden meine Vorbilder.« Da entstand seine ganz persönliche Vision: Eines Tages würde er selbst so ein international anerkannter Athlet sein, ein richtiger Spitzensportler.

Ein paar Jahre darauf wird der überdimensionierte Junior in seiner Altersgruppe russischer Meister im Diskuswerfen. Aber das ist ein einsamer Kampf gegen sich selbst, und er sucht den Zweikampf. Mit 20 wechselt der Sportstudent zum Boxen, gewinnt acht von elf Amateurvergleichen und wird 1993 Profi. Zwischen Donezk, Berlin und Atlantic City ist er physisch überlegen genug, um die handelsüblichen Nobodys zu bezwingen. Und wo immer er auftaucht, ist er eine Riesen-Nummer. Er nimmt diese Schaubuden-Stimmung zunächst achselzuckend in Kauf, um sich mit den Börsen durch's Studium zu bringen. Doch spätestens mit Trainer Gabrielian wird aus dem Nebenjob eine ehrgeizige Karriere.

Obwohl seine Gegner nun spürbar besser werden, bleibt Valuev für die Meute jedoch eher Monster als Athlet. In deutschen Hallen wird er bis zu seinem ausdrücklichen Protest als »The Beast from the East« angekündigt. Und statt Anerkennung folgen regelmäßig weitere Zweifel. Gefeiert wird ein physisch so überlegen wirkender Boxer sowieso nicht, denn er boxt »immer gegen David« (Frankfurter Allgemeine). Jeder Treffer seiner Gegner rüttelt die Menge auf, sich hinter den anderen zu stellen, auf eine Sensation zu spekulieren. Nie wird er selbst lauthals angespornt. »So ist die Welt nun mal«, sagt er selbst dazu, »da kann man nichts machen.«

Immerhin kann die hiesige, von Fernsehsendern finanzierte Szene Nachschub aus dem Land der wilden Kerle gebrauchen. Promoter Klaus-Peter Kohl hat in seinem Hamburger Universum Boxcamp gleich ein halbes Dutzend russischer und ukrainischer Hünen gestapelt – künftige Titelanwärter wie Alexander Dimitrenko und Dennis Boitsov, der »weiße Tyson«. Und sein Konkurrent Wilfried Sauerland hat mit dem 26-jährigen Olympiasieger Alexander Povetkin noch eine zweite russische Karte für die Zukunft im Ärmel. Der Osten ist wieder cool. Unvergessen der TV-Abend, als man vor einem Valuev-Fight Privataufnahmen von einem Jagdausflug zeigte. Darin stapft der Hauptkämpfer im Schnee und hält ein erlegtes Wildschwein wie einen Stallhasen in den Pranken.

Aber ist der Klitschko-Effekt überhaupt wiederholbar? Nikolai Valuev ist jedenfalls entschlossen, das Seine dafür zu tun. Regelmäßig paukt der diplomierte Sportlehrer in Petersburg mit einer Lehrerin die deutsche Sprache. Nicht mehr lange, und er kann jenseits des Rings als wirkliches Wesen rüberkommen: Ein ernsthafter Mann für seine um 100 Kilo unterlegene Ehefrau Galina, ein fürsorglicher Vater für den dreijährigen Sohn Grisan. Bald können alle drei aus der beengten Wohnung in einer Siedlung am Stadtrand in eine großzügige Eigentumswohnung umziehen, erzählt er nicht ohne Stolz.

Die Sprachübungen mussten zuletzt allerdings zurückstehen, denn zurzeit ist da einzig für den 17. Dezember Platz im mächtigen Kopf. Zurzeit ist da nur John Ruiz. Vor den Augen von Muhammad Ali, der Ehrengast sein wird, zum Weltmeister aller Klassen zu werden – könnte das auch der Beweis werden, dass der Preisboxer Nikolai Valuev bei seiner Vision angekommen ist? Da geht ein feines Lächeln über sein Gesicht, als hätte man seine Gedanken gelesen: »Genau so ist es.«

Nikolai Valuev wurde am 17.12.2005 in Berlin durch ein heftig debattiertes Punkturteil neuer Schwergewichts-Weltmeister.

Kampflos in L.A.

Gekämpft hat er bis zum Schluss, das war sein Markenzeichen. Diesmal aber hat es schon vor dem ersten Gong nicht mehr gereicht. Also blieb Dr.Vitali Klitschko, bis gestern noch Champion im Schwergewichtsboxen, nur noch ein Abgang mit Stil. Fast unmittelbar nach der ärztlichen Diagnose und der anschließenden Operation des eingerissenen vorderen Kreuzbandes im rechten Knie gab der 34-jährige Weltmeister des World Boxing Council von Los Angeles aus seinen Rücktritt bekannt. Er habe sich »in letzter Zeit mehr mit meinen Verletzungen als mit meinen Gegnern im Ring« beschäftigen müssen, ließ Klitschko über sein Management in Hamburg verlauten. Deshalb möchte er seine Karriere »auf dem Gipfel beenden« und »den Weg freimachen für meine Nachfolger«.

Noch verbindlicher kann ein Abgang nicht erfolgen. Andere hätten eventuell versucht, auf Zeit zu spielen, doch der Doktor der Sportwissenschaft hatte schnell überrissen, dass ihm die Zeit davonlief. Fast ein Jahr lang hatte er mit WBC-Präsident José Sulaiman und Promoter-Zar Don King zwei der mächtigsten global player seines Sports hingehalten. Immer wieder verschob er den Termin mit Kings Schützling Hasim Rahman, seinem Gegner für die Pflicht-Verteidigung, wegen Verletzungen. Nach der jüngsten Absage des Termins in Las Vegas hatte Suleiman ihm zu verstehen gegeben, dass er nach den Regeln höchstens noch 90 Tage habe, um sich als Champion zu bestätigen.

In dieser Zeit aber ist kein eingerissenes Kreuzband so wiederhergestellt, dass ein Boxer damit einen Vergleich auf höchstem Anspruchsniveau riskieren könnte. Der zweifache Weltmeister hätte sich wieder hinten anstellen müssen, um sich für eine dritte Regentschaft zu bewerben. Keine ermutigende Sozialprognose für einen 33-Jährigen, der vor den 37 Profikämpfen schon eine komplette Karriere als Kickboxer absolviert hat. Dazu fühlte sich der ältere der beiden ukrainischen Boxbrüder durch die wiederholten Vorwürfe von Rahman und King auf ein würdeloses Niveau herabgezerrt. Die Behauptungen der gegnerischen Seite, er sei ein »Weichei« und »Feigling«, »all das hat ihn nur noch genervt«, so Klitschkos Sprecher Bernd Bönte.

Anders als an seiner ungeschliffenen Technik, gab es an Klitschkos Kampfbereitschaft nie etwas auszusetzen. Nach allgemeiner Ansicht weniger begabt, aber mental stabiler als sein jüngerer Bruder Wladimir, imponierte der 2,02 Meter große Hüne schon beim ersten Titelgewinn: Im Juni 1999 demolierte er den britischen WBO-Champion Herbie Hide in anderthalb Runden. Vier Jahre später war er in einer denkwürdigen Materialschlacht mit WBC-Champion Lennox Lewis trotz markanter Cuts nur vom Ringarzt zu stoppen. Seither war er auch in den USA als Prototyp des unerschrockenen Einzelkämpfers respektiert. Ein Ruf, den sein Sieg über den Südafrikaner Corrie Sanders im Duell um den von Lewis geräumten WBC-Thron eindrucksvoll bestätigte.

Schon in diesen substanzzehrenden Vergleichen war die blaue Bandage am Knie jedoch Vitali Klitschkos ständiger Begleiter. Und wenn es mal nicht das Knie war, knirschte es woanders. Im April 2000 setzte ihm bei der 3.Verteidigung des WBO-Titels gegen Chris Byrd eine gerissene Schultersehne außer Gefecht – nach neun Runden musste er unrühmlich passen. Im Juli des folgenden Jahres riss zum ersten Mal das Kreuzband. Wieder ein Jahr später musste der optische Modellathlet wegen eines Bandscheiben-Vorfalls einen Fight in Dortmund absagen. Nun musste der Showdown mit Rahman wegen einer Muskelzerrung in der Hüfte und dann wegen einer Rückenoperation verschoben werden.

Dennoch wollte »Dr. Eisenfaust« mit stählernem Willen an seinen hehren Zielen festhalten. Er quälte sich weiter, um zu dem allgemein anerkannten, dominanten Weltmeister zu werden, der in der Schwergewichts-Szene so vermisst wird – und um eines nahen Tages gemeinsam mit Bruder Wladimir das Limit zu beherrschen. Seine zweite Regentschaft aber blieb notgedrungen blass; sein überforderter Körper gestattete ihm mit einem Abbruchsieg über den unbesungenen Danny Williams in 2004 nur eine Titelverteidigung.

Nun sind weitere sportliche Höhen unerreichbar geworden, und statt lange zu hadern, wendet sich der Ukraine berühmtester Patient »den sozialen und gesellschaftlichen Problemen meines Landes« zu, wie er, ohne konkreter zu werden, verlauten ließ. Zurück bleibt eine Landschaft mit vier Titelträgern, keiner davon hat das Zeug zu »The people's Champion«. Aber das ist für ihren Promoter Don King nicht entscheidend – Hauptsache, er hat wieder alle goldenen Fäden in der Hand.

Vitali Klitschko scheiterte im Frühjahr 2006 denkbar knapp beim Versuch, Bürgermeister von Kiew zu werden, und will sich weiter politisch betätigen.

RUNDE 8

Bloody Business

Einige der großartigsten Leute trifft man im Boxen, hat der amerikanische Autor Thomas Hauser mal gesagt, und ergänzt: einige der schlimmsten Leute auch. Dennie Mancini gehörte ohne Zweifel in die erste Kategorie. Der gebürtige Londoner hielt seiner Stadt ebenso unbeirrbar die Treue wie seinem Lieblingssport. In der Mikrowelt des Boxens pflegte er als Fan, Agent und Sekundant stets einen tadellosen Auftritt. Ich hätte ihn überall treffen können, doch um ihn wirklich zu verstehen, so war ich überzeugt, musste ich ihn in London aufspüren. In dem von ihm geführten *Lonsdale-Shop* nahe Piccadilly Circus sollte Dennie mir Handwerk und Philosophie des Cut-Man erklären, der in deutschen Hallen Maske und Ottke zusammenflickte. In Wahrheit wurde es ein Einblick in ein ganz besonderes Leben, das im Sommer 2004 zu Ende ging. Die Besten erwischt es fast immer zu früh.

Nirgendwo auf der Welt gibt es eine Akademie oder ein Institut, wo die Kunst gelehrt wird, wie die menschliche Haut trotz Schwellungen und Rissen erfolgreich durch die nächsten drei Minuten eines Boxkampfs gebracht werden kann. Aber sieht dieser Mann vielleicht wie ein Akademiker aus?

Dennie Mancinis Gesicht ist eine von roten Äderchen geprägte Landschaft, wie sie so gegerbt und lebendig nur unter dem lebenslänglichen Einfluss Londoner Windböen entsteht. Der Nachfahre italienischer Zuwanderer aus der Provinz Frosinone ist in einem Pub im nördlichen Stadtteil Stoke-Newington zur Welt gekommen, was wörtlich zu verstehen ist, und hat seitdem höchstens mal die Ortsteile gewechselt. Von Stoke nach Fulham, von Fulham nach Hammersmith. Wenn er inzwischen trotzdem die halbe Welt und alle fünf Kontinente bereist hat, liegt das ohne Ausnahme an jenem harten Sport, der ihn seit über vier Jahrzehnten antreibt und ernährt. »Meine Universität waren die Box-Gyms«, sagt Mancini. »Du kannst keine Seminare darüber abhalten. Es geht nur über Praxis.«

Mancini ist Cutman, also Spezialist für die Schnellbehandlung, die er als Sekundant in der Ecke dem Gesicht von Boxern angedeihen lässt. Er ist ein angelernter Visagist und Blitzchirurg, der das Blickfeld seiner Mandanten mit Eis und Vaseline pflegt bzw. Wunden schließt, so gut das in exakt sechzig Sekunden eben geht. Mandanten wie die ehemaligen Champions Johnny Famechon, Bob Foster, Duke McKenzie, Nigel Benn und Henry Maske sowie Markus Beyer, Zeljko Mavrovic und Axel Schulz, denen er heute noch auf die Pelle rückt. Das mag als weniger bedeutenden Arbeitsplatz einordnen, wer sich mit der sogenannten »Sweet Science« nicht sonderlich befasst. Die wenigen Übrigen jedoch wissen, dass Mancinis Manöver in den kritischen Phasen eines Ringduells folgenreicher sein können als alle Beschwörungen durch den besten Trainer. Was nutzt die klügste Strategie, wenn mitten im Kampf plötzlich eine Augenbraue aufplatzt und der Kampf dadurch beendet ist?

Ein Cut stoppte den tapferen Henry Cooper, als er 1963 in London einen vielversprechenden Youngster namens Cassius Clay gehörig in Bedrängnis brachte. Der kalkweiße Commenwealth-Champion hatte seinen Gegner in der vierten Runde durch die Seile hindurch gedroschen, bevor ihn der Ringrichter im nächsten Durchgang wegen einer nicht zu stillenden Platzwunde aus dem Kampf nehmen musste. Eine Schwellung über den Augen trübte Mike Tysons Sicht, als er 1990 in Tokio von dem 42:1-Außenseiter James »Buster« Douglas in der zehnten Runde zu Boden geschickt wurde – und seinen WM-Titel auf Jahre hinaus verlor. Tysons Cutman wurde umgehend gefeuert. Was andernfalls gewesen wäre, mag sich auch Julio Cesar Chavez 1996 nach seiner Abbruchniederlage im »Megafight« mit Oscar De La Hoya vergeblich gefragt haben. Die mexikanische Ringlegende, die ohne Cutman antrat, musste nach dreieinhalb Runden blutüberströmt den Rückweg in die Kabine antreten. Chavez' Coach hatte nicht mal die Utensilien dabei, um die klaffende Wunde in der Pause zur nächsten Runde zu behandeln.

Die 1.000 bis über 5.000 Dollar, die international renommierten Cutmen zumindest bei Titelkämpfen gezahlt werden, sind angesichts sechs- bis siebenstelliger Kampfbörsen also weise investiertes Kleingeld. »Wir sind wie eine Versicherung«, sagt Mancini. »Wenn es ohne Zwischenfälle abgelaufen ist, ist deine Arbeit sofort vergessen. Aber in diesen bestimmten Situationen steht und fällt alles damit, was du ausrichten kannst. Dann könntest du die Manager und Promoter wahrscheinlich sogar dazu bringen, deine Gage auf der Stelle zu verdoppeln.« Nur selber nervös zu werden in diesen kritischen Momenten, ist so einem von Amts wegen nicht gestattet: »Du darfst auf keinen Fall denken, ›Oh Gott, jetzt schauen mir alle zu!‹«

Noch immer schaudert es den sonst ausgesprochen gleichmütigen Mann, wenn er an die Aufzeichnung einer Titelverteidigung von Henry Maske in Leipzig denkt. Normalerweise schaut er sich nie das Video von einem Kampf an, den er in der Ecke miterlebt hat. Aber hier saß er daheim in London mit seinem Bruder Lennie, eine Woche darauf, und bekam in der Nachbetrachtung eine Gänsehaut: »Kurz vor der Werbeunterbrechung fuhren die Kameras zurück und zeigten einem die Aufsicht auf die Arena – vollgestopft mit Zigtausenden von Leuten, die dem Kampf beiwohnten. Da wurde ich plötzlich nervös. Was, wenn ich dort, an diesem Abend, einen Fehler gemacht hätte? Ich hätte alle enttäuscht.«

Skrupel oder Zweifel aber sind keine Stammgäste im Pub von Dennie Mancinis Gedanken. Es wäre wohl auch das Ende in diesem *»bloody business«*. »Du hast einen, der mit zugeschwollenem Auge ankommt«, weiß er, »und dann musst du schon mal ein bisschen gemein sein können. Ich hatte welche, die kamen nach der ersten Runde an, und das Auge war zu, und in der zehnten war es plötzlich wieder auf. Das ist das Resultat deiner Arbeit, deines Muts, sowas zu tun. Das kann nicht jeder.« Die unausgesprochene Bereitschaft, die natürliche Brutalität des Faustkampfs zu akzeptieren, ist aber die Voraussetzung für die erforderliche Souveränität und Schnelligkeit.

»Wenn du da oben bist«, sagt er, »musst du dir sofort darüber klar werden, was zu tun ist, und dich darauf konzentrieren. Wenn du lange überlegst, ist die Zeit um, und dein Mann kriegt Schwierigkeiten. Und vor allem darfst du nicht erschrecken über einen Cut, egal wie schlimm er ist. Sobald du denkst ›Oh, wie schrecklich!‹, hast du keine Chance mehr.«

Was Mancini dabei hat, ist schnell aufgezählt: der Plastikeimer mit den Eispackungen, der Vaseline- und der Wasserflasche, der Schwamm, die mit weicher Baumwolle umwickelten, Q-Tip-artigen *Swopsticks*, im Slang kurz *Swops* genannt, Schere, Tapeband, und eben die Wundcreme Adrenaline in der vorgeschriebenen Mischung 1:1000. Bis in die Siebziger hinein, erzählt Mancini, durfte man zum Wundenschließen praktisch alles nehmen, was klebte und hielt. Er selbst lehnte einmal eine Paste ab, die ihm der legendäre Manager Willie Ketchum in guter Absicht anbot. »Ketchum sagte: ›Das hält wie Zement!‹, und ich nahm zum Probieren ein bisschen was davon auf Daumen und Zeigefinger. Im nächsten Moment konnte ich die Finger nicht mehr voneinander lösen.«

Elephant Shit war der Slang-Begriff für die dunklen Pasten Marke Eigenbau, in die findige Trainer und Manager je nach Gusto Anteile von Teer, Honig oder sonstwas mischten. Sie führten zu der Pergament-Haut, die man bei alten Kämpfern vor allem um die Augen herum sehen kann, sowie zu ihrem endgültigen Verbot durch die Weltverbände. Erst die per Vorschrift erwirkte Waffengleichheit brachte den Cutman als eigenständiges Berufsbild hervor, denn nun zählte das Wie viel mehr als das Was. Nun zählten die ganz legalen Tricks einer gesteigerten Kunstfertigkeit. Wie zum Beispiel die von Mancini beherrschte Technik, zwischen der frisch geschlossenen Platzwunde an der Schläfe und dem Augenlid vorsorglich mit Vaseline eine horizontale Spur zu legen; geht die Wunde in der nächsten Runde wieder auf, läuft das Blut am Auge vorbei statt hinein. Oder der Trick mit der Baumwolle von den *Swopsticks,* die er neulich in Wien einfach auf der Wunde gelassen und dann mit Vaseline beigeputzt hat – so wie er es vor vielen Jahren mal bei einem britischen Kollegen beobachtete.

Das ist die Art, wie du lernst«, sagt Mancini. »Du guckst dir gute Gepflogenheiten von guten Leuten ab. Und du darfst nie denken, du wüsstest schon alles. Selbst im Alter lernt man immer noch dazu.« Die Standards dagegen sind schnell behalten. Je heller die Haut, desto größer die Anfälligkeit für Cuts; je dichter eine Wunde am Augenlid, desto gefährlicher. Und wenn etwa ein Blutgefäß direkt betroffen ist, nutzen meist alle Tricks nichts mehr. »Du musst auch ein bisschen Glück haben mit Cuts.«

Mindestens genauso wichtig wie die physische Maßnahme jedoch ist die Art, wie der Cutman sie in der Ecke des Boxers zur Anwendung bringt. Hier zeigt sich Mancini als wahrer König der Untertreiber. Seine Handhabungen wirken nie wie in Eile, obwohl sie es sind; Gestik und Mimik vermitteln auch angesichts der klaffendsten Wunde noch dieses Das-kriegen-wir-schon-hin aller erfahrenen Ärzte und Piloten. Das ist natürlich beabsichtigt, denn »du darfst den Boxer auf keinen Fall spüren lassen, dass er einen üblen Cut hat. Selbst wenn es so ist, sagst du »Oh, es ist nichts, überlass das mir!«

Speziell seine deutschen Klienten danken es ihm mit professioneller Anhänglichkeit. Henry Maske orderte Mancini für alle seine 14 Weltmeisterschaftskämpfe. Axel Schulz findet seine Anwesenheit im Rücken »optimal«. »Er macht keine Hektik und übertreibt nicht«, so Schulz, »du merkst ihn kaum.« Nur in Situationen, wo alles auf der Kippe steht, mischt Mancini sich bisweilen mit aufmunternden Appellen ein. Es könnte »das Quäntchen Magie, das deinem Mann zum Sieg verhilft« erzeugen. »Du musst deine Leute kennen«, sagt er. »Du musst ihnen diesen Anschub geben und sie wissen lassen, dass sie es schaffen können.«

Auf solche Weise im Erfolgsfall »meinen Anteil an dem Ganzen« zu haben, ist ihm persönliche Bestätigung genug. Zumindest ein paar direkt Betroffene werden sich neben ihm selbst etwa daran erinnern, wie er dem Supermittelgewichts-Champion Nigel Benn bei seiner Titelverteidigung gegen den US-Amerikaner Gerald McClellan 1995 nach einer katastrophalen ersten Runde derart anstachelte, dass dieser »in den Kampf zurückkam« und nach spektakulärem Schlagabtausch in Runde 10 durch K.o. gewann. Selbst die Tatsache, dass McClellan anschließend in ein Koma fiel und nur schwerstbehindert überlebt hat, mindert seine Genugtuung darüber kaum. »Es ist tragisch«, sagt Mancini, »aber diese Dinge passieren eben.«

Schöner Sport oder nicht war nie die Frage. Dennie Mancini wurde in die Welt der zugewanderten »Paesani« im Londoner Norden hineingeboren. Im »Prince of Wales«-Pub in Stoke, den sein Vater betrieb, bildeten die Nachrichten von Boxkömpfen und den Fußball-Resultaten der »Spurs« von Tottenham zusammen mit dem »Bitter Ale« den Schaum aller Tage. Onkel Alf boxte in den Zwanzigern um die britische Meisterschaft, einer seiner Söhne tat es ihm nach. Bruder Lennie sollte später als Matchmaker reüssieren. Als Little Dennie zum ersten Mal an einem Boxring sitzt, ist er gerade fünf Jahre alt. »Es war selbstverständlich«, sagt er heute, »über kurz oder lang involviert zu sein.«

In diesen fernsehlosen Jahren, wo große Kämpfe noch 15 Runden dauerten statt 12 und die Handschuhe gerade sechs Unzen wogen, wohnte Mancini mit bis zu 100.000 anderen in Fußballstadien den großen Duellen der englischen Nachkriegshoffnungen bei. Bruce Woodcock schlägt Gus Lesnevich, Dado Marino unterliegt Rinty Monaghan. Seine eigene Ringkarriere war vor dem Wechsel zu den Profis bereits durch eine komplizierte Handverletzung beendet. So ist er gerade 25, als er vom Boxverband seine erste Lizenz als Manager erhält. In den nächsten vier Dekaden wird er zwischen Vegas und Wolverhampton alles Mögliche am Boxring sein und seine spät geschlossene Ehe ganz allmählich durch ständige Abwesenheit ruinieren. Und er wird die Manager und Trainer treffen, die ihm im Cutman-Gewerbe, seiner eigentlichen Domäne, neue Tipps und Aufträge geben.

Manchmal konnte es passieren, dass Mancini seinen Auftrag fast unmittelbar vor dem Kampf erst bekam. So etwa 1972, als ihn Bob Fosters Manager Lou Foscusi zwanzig Minuten vor Fosters WM-Verteidigung gegen Chris Finnegan in London fragte, ob er sich auf Cuts verstünde. Ein anderes Mal, in Seoul, streifte er auf der Suche nach einem Plastikeimer stundenlang durch die ominösesten Viertel. Seitdem reist Mancini stets mit einem Eimer an, auch wenn sie ihn an den Flughäfen deshalb vielleicht für einen typisch-spleenigen Briten halten. »Wenn ich jetzt irgendwo ankomme, hab ich all mein Zeug schon bei mir«, sagt er, »egal wo es ist. Das gehört zum Job, dafür werde ich bezahlt.«

Inzwischen zählt Mancini mit Ernie Fossey, Mick Williamson und Paddy Burne zum besten halben Dutzend seiner Zunft in Großbritannien und hat insgesamt allein vier- bis fünfhundert nationale und internationale Titelkämpfe bestritten. Die genaue Zahl kennt er nicht, denn er führt kein Buch und sammelt weder Programmhefte noch sonstwelche Memorabilia. Zusammen mit seinem Bruder Lennie führt er unter der Woche nahe Piccadilly Circus das Geschäft des Boxausrüsters Lonsdale sowie ein italienisches Restaurant, das gleich daneben liegt. Von hier aus vermittelt er als Agent auch Sparringspartner und Aufbaugegner. Einen, der wie sein Idol Willie Pep ebensogut fighten und fechten kann, vermag er im aktuellen Sortiment aber nicht auszumachen.

»Die heutigen Boxer mögen athletisch besser ausgebildet sein«, sagt er, »aber an die komplexen Fähigkeiten der Alten kommen sie nicht heran.«

Wohl auch deshalb geht Mancini an den wenigen freien Wochenenden im Jahr allenfalls ins Tottenham-Stadion, um die »Spurs« ihre Heimspiele verlieren zu sehen. Boxabenden jedoch bleibt er als Zuschauer fern. Wenn er wissen will, wie Richie Woodhall oder sonstwer in Form ist, ruft er in dessen Gym an. Die freundschaftlichen Beziehungen zu seinen Klienten pflegt er allerdings, und das kommt ihm, wie alles in seiner Welt, nur natürlich vor.

»Hör zu«, sagt er feierlich. »Du ziehst in den Krieg mit diesen Leuten, und du hilfst ihnen, diesen Krieg zu gewinnen. Sie nennen es ›die edle Kunst‹, aber es ist ein unerbittlicher Kampf. Und es ist ein schwerer Weg, ein paar Mark zu machen.«

The lady is a champ

Wenn jetzt alle da sind, können wir sie holen gehen, okay? Ja, okay! Schon schlurft er los, der pummelige Bodybuilder, während der Pulk der Fotografen sich warmblitzt. Ein paar Momente später ist sie bereits da, als hätte sie im Aufzug nur auf das Signal gewartet. Sie trägt die Freizeitkleidung des deutschen Sponsors, doch ihr Lächeln ist Amerika. Ziemlich hübsch, aber auch nicht so, dass es einem den Atem nimmt. »Guten Tag!« – das hat sie eingeübt.

Man trifft Laila Ali eben nicht wie gewöhnliche Touristinnen aus Amerika. Berlin-Mitte, eine Sitzecke im Vier-Sterne-Hotel: Hier wird einem die berühmteste Tochter der Boxwelt so richtig serviert. Gleich wird sie noch kurz zum Brandenburger Tor gehen, wie alle jungen Amerikanerinnen in dieser Stadt. Doch sie tut es für die Fotoapparate der anderen, nicht für sich. Denn wo immer die 27-Jährige auf diesem Globus auftaucht, ist sie selbst eine Sehenswürdigkeit.

Laila Ali ist schließlich SEINE Tochter – zweites Kind von Veronica Porsche und Boxikone Muhammad Ali, dem »Größten aller Zeiten«. Aber was ist sie noch? Am Samstag, wenn Daddy sich hier die Otto-Hahn-Medaille für humanistische Verdienste abholt, darf sie dem deutschen Publikum zeigen, was sie selber drauf hat. Dann tritt sie im Vorprogramm einer Schwergewichts-WM, unter den Augen des Vaters, im Supermittelgewicht gegen Aasa Sandell aus Schweden an.

Doch heute muss sie erstmal all die Fragen parieren, die im Gewitter der Kameraverschlüsse auf sie niederprasseln. Warum sie mit dem Boxen angefangen hat? Na weil es sie interessierte. Ob sie nicht Angst habe um ihr schönes Antlitz? Well, noch ist nichts Schlimmes passiert. Und Berlin? Very nice place; bisschen kalt, aber nette Leute. So geht das weiter, eine leichte Trainingseinheit. Nur einmal verfinstert sich kurz ihr Blick. »Das waren jetzt drei Vater-Fragen hintereinander«, mahnt sie den Vertreter des Boulevard, und ist sofort wieder *all smiles.*

Ob das Lächeln immer so leicht fällt? So wie in Berlin laufen Mrs. Alis Termine zwischen Kalifornien und Europa nur zu oft ab. Andere Boxer und Boxerinnen werden ein paar Tage vor dem Kampf gefragt, ob sie sich in Form fühlen und wie ihr Sparring lief. Man will wissen, was sie von ihrem Gegner halten, welche Taktik sie wählen werden. Das übliche Zeug – bei so einer wird es schnell vergessen, weil die meisten sich mit ihrer Präsenz begnügen. Es reicht ja, dass sie Laila Ali ist.

Nachher wird sie sagen, sie sei daran von Kindesbeinen an gewöhnt. Dennoch wäre etwas mehr Respekt für die sportliche Leistung angebracht. Seit ihrem Debüt im Oktober 1999 hat die namhafte Athletin 21 Siege in 21 Profikämpfen verbucht, 18 davon vor Ablauf der Distanz. Mit solch imposanter Bilanz hat sie im Grunde bewiesen, dass sie mehr ist als ein Hype. »Wenn sie mich jetzt noch nicht ernst nehmen würden«, sagt sie, »wäre es eine Schande.« Doch ob viele mitbekommen haben, dass sie in ihrem Limit eine der Weltbesten ist?

Als sie damals mit dem Boxen anfing, war Laila Ali für viele nur die Besitzerin eines Fingernagelstudios aus Los Angeles, die sich plötzlich ihres berühmten Namens bedient. Sie konnte in einer zirzensisch inszenierten »Revanche« der Töchter Jaqui Frazier schlagen, was beiden Rekordbörsen einbrachte, und in knapp vier Runden mit Christy Martin eine veritable Größe im Frauenboxen erledigen. Aber natürlich wird bei ihr stets Protektion gewittert und cleveres Matchmaking. Auch für den Kampf in Berlin, heißt es, war statt der wenig erfahrenen Schwedin zunächst eine starke Russin vorgesehen.

Gavin »Paddy« Fitzpatrick aber will nie was von einer Russin gehört haben. Der junge Trainer mit dem irischen Akzent glaubt nur, dass es in diesen Gewichtsklassen schwierig ist, überhaupt jemand Geeignetes für Laila zu finden. Das Gros der weiblichen Profis tummelt sich in den Limits zwischen 50 und 60 Kilo, dem Radius einer Regina Halmich. Und das ist schade, so Fitzpatrick, denn »Mann oder Frau, sie kann einfach boxen. Das kann man sehen. Sie trainiert so hart und konsequent wie ein Mann.«

Es ist jetzt früher Nachmittag, gerade hat Laila Ali mit ihrem Trainer ein paar Runden im Boxgym am Olympiastadion absolviert. Ein paar Puristen unter den dicht gedrängten Beobachtern haben ihre

Brauen hochgezogen, weil sie selbst bei den Schlagübungen nicht auf ihren Kaugummi verzichten mochte. Doch was sie gesehen haben, hat die meisten überzeugt. Anfangs noch lethargisch, kommt die Weltmeisterin zunehmend in Schwung, zeigt gefällige Kombinationen und gute Beinarbeit. Manchmal sei sie schon zu selbstsicher, sagt Fitzpatrick, »aber sobald sie im Gym ist, spielt sie nicht mehr herum.«

Dabei hasse sie das Training, sagt Laila Ali, »es ist der härteste Teil der Arbeit. Ich liebe es, im Ring zu stehen.« Erst dort komme ihre stärkste Waffe zum Tragen – »meine Entschlossenheit, die Beste zu sein«. Aber wer nimmt davon in Deutschland schon Notiz? Am Samstag muss sie nur im Ring erscheinen, um alle glücklich zu machen. Das Übrige interessiert eine Minderheit.

Laila Ali gewann ihren 22. Profikampf trotz mäßiger Leistung durch Abbruch in Runde 5.

RUNDE 9

Las Vegas ist weit

Helmut Slomke war nicht glücklich mit meiner Geschichte, die im September 1997 in der »Zeit« erschien. Das sagte mir der »König der Kleinring-Veranstalter« unumwunden, als wir uns das nächste Mal irgendwo an einem Boxring trafen. So böse war es nicht gemeint, was ich da über seine altmodischen Boxabende in deutscher Provinz verfasst habe. Denn hämisch zu sein, ist nicht die Aufgabe des Reporters. Er darf aber auch nicht verklären, was er erlebt und erfahren hat – auch wenn man ihn noch so nett empfängt. Ich denke auch, dass ich den Respekt gewahrt habe für den Menschen, der mir seine kleine Welt so ungeniert, ja stolz gezeigt hat. Aber am Ende des Abends bleibt es, was es ist: eine kleine, wackelige Bühne für Boxer, die mit ihrer Fäuste Arbeit nirgendwo hinkommen. Hinter dieser Bühne müht sich Helmut Slomke weiter redlich.

Was hat Helmut Slomke diesmal bloß falsch gemacht? Es ist Samstagabend, als der kleine, agile Mann in dem neu gekauften Oberhemd vor dem Eingang einer Tennishalle im pfälzischen Oberlahr steht. Ein paar Helfer haben sie am Nachmittag durch Aufstellen eines alten Drei-Seile-Rings notdürftig in einen Boxsaal verwandelt; nun wartet der Veranstalter auf Besucher. Vom Menschenstrom der Restaurants und Diskotheken am benachbarten »Westerwald-Treff« aber träufelt nicht mal ein kleines Rinnsal herüber. Gerade fünf Zahlende sind bisher an der mit Slomkes Töchtern besetzten Kasse vorbeigekommen, um sich über die etwas wellig verlegten Linoleumbahnen zu den ockerfarbenen Samtstuhlreihen vorzukämpfen. Als der Sechste eintritt, kann erstmal niemand dessen Hundertmarkschein kleinkriegen, und ein Siebter oder Achter ist bis auf weiteres nicht in Sicht.

»Sowas hat's ja noch nie gegeben«, entfährt es Helmut Slomke endlich. »Bei dem Aufkommen hier!« Mit der Hand weist der 59-Jährige hinüber auf das Appartment-Hotel und die Bowling-Kneipe, wo jetzt die Mitglieder des »Kegelclub Pleitegeier« mit zahllosen anderen Erlebnishungrigen hinein- und herausschwirren. Dann baut sich Axel Zielke, der Delegierte des Profibox-Verbands, vor Slomke auf. »Helmut, wir warten noch«, sagt er. Und fügt gleich darauf hinzu, als könnte er Slomkes Gedanken lesen: »Aber geboxt werden muss. Das weißt du. Wer auf der Waage war, kriegt schließlich auch sein Geld.« Die Mädchen an der Kasse überprüfen ihren poppig-grellen Nagellack. Herr Schweiger, der junge Ringrichter, zupft lustlos an seiner Fliege. Gleich wird er sagen, dass er die 450 Kilometer von Helmstedt bis hierhin nicht zum Spaß gefahren ist.

Nein, Henry Maske boxt hier nicht, und ebensowenig Axel Schulz. Hier boxen Peter Feher und Anton Glofak aus Novè Zànky in der Slowakei, dazu im Vorprogramm ihr Gefährte Jozef Lakatos und Vero Mihajlovic, die Leichtgewichts-Hoffnung aus Speyer. Nicht zu vergessen Simona Lukic und Andrea Lapcikova in einer Neuauflage ihres Asbacher Remis-Duells. Sie alle kämpfen nicht um Titel und funkelnde Gürtel, sondern allein wegen der Börsen zwischen 800 und 1100 Mark. Das sind die wahren Profis: geldversessen, ohne weitere hochtrabende Ambition. Und damit hat jemand wie Helmut Slomke kein Problem.

»Es kann nicht nur Mike Tyson geben«, lautet sein Credo. Doch 150 Zuschauer, die er für eine solche Veranstaltung »allerwenigstens« braucht, sollten es bitte schon sein.

Haben sie die leuchtend grünen Plakate also vielleicht an die falschen Wände und Hausecken gepflastert? Oder liegt der Termin einfach zu dicht an der Ferienzeit? Schon am Nachmittag hatte Slomke so ein ungutes Gefühl, als die Kämpfer aus Speyer erst neunzig Minuten nach dem offiziellen Wiegetermin erschienen waren. Mit Unpünktlichkeiten, so die Erfahrung des Selfmademans, deuten sich in der Regel weitere Kalamitäten an. Und siehe da: Als Lukic und Mihajlovic endlich eintrafen, fehlten die Laborbefunde ihrer HIV-Tests, ohne die eigentlich kein Boxkampf beginnen darf. Sie seien aber auf dem Postweg zum Verband, beteuerte ihr Manager und Trainer. Der Delegierte Zielke hob misstrauisch die Brauen und ließ es dann bei einer bußgeldlosen Verwarnung bewenden. Aber professionell hatte das nicht gerade ausgesehen.

Doch Helmut Slomke ist ein mit allen Wechselfällen des Lebens vertrauter Routinier, dem auch in scheinbar aussichtsloser Lage noch etwas einfällt. Gegen 20 Uhr verschwindet er plötzlich samt seiner Rasierwasserwolke und kehrt wenige Minuten später mit einem kleinen Häufchen Besucher im Schlepptau zurück. Wie sich herausstellt, handelt es sich um die Schützlinge eines Reiseleiters, dem Slomke einen blauen Geldschein in die Jacke geschoben hat. Dafür hat der Reiseleiter über das Busmikrofon angesagt, dass es bei der Boxgala nebenan jetzt »jede Karte zum halben Preis« gäbe. Der Abend, der irgendwie über die Bühne gehen muss, kann endlich steigen.

»Und nun der erste Höhepunkt«, sagt der Ringsprecher, als die Betreuer Jozef Lakatos und Vero Mihajlovic in ihren Ringecken die Handschuhe schnüren. In diesem Augenblick nimmt mit dem ehemaligen Amateurweltmeister Peter Hussing sogar ein richtiger Prominenter in der ersten Reihe Platz. Die Autogrammstunde mit ihm, so der Sprecher, werde in der Pause »ein weiterer Leckerbissen«. Dann schlägt Herr Loritz, der Zeitnehmer, auf den Gong. Es dauert nicht lange, und ein lauter Ruf aus den hinteren Reihen beendet die beklemmende Stille: »Hau ihn um!«

Exakt 15 Personen besitzen 1997 die vom »Bund deutscher Berufsboxer« (BDB) jährlich zu erneuernde Veranstalter-Lizenz für Berufsbox-Kampftage. Nur zwei, Wilfried Sauerland (SPT GmbH in Köln) und Klaus-Peter Kohl (Universum Box Promotion in Hamburg), sind der über das Fernsehen zugeschalteten Öffentlichkeit bekannt. Die von ihren Vertragspartnern RTL bzw. Premiere effektvoll ins Bild gesetzten Kämpfe der Michalczewskis und Rocchigianis mögen das Sonntagsgesicht einer einst als anrüchig geltenden Sportart bilden – mit dem Alltag des Großteils der etwa 190 lizensierten Boxern und Boxerinnen im Lande hat das nichts zu tun. Der findet nicht in München, Dortmund oder Hamburg statt, sondern in einem Bierzelt bei Fürstenfeldbruck, einem Saal einer Dinslakener Gaststätte oder auch mal am Timmendorfer Strand. Und die dort als Veranstalter auftreten, haben im Zivilstand statt eines Promotionbüros eine Gynäkologen-Praxis, ein Autohaus oder schlicht nur den nicht immer belohnten Mut zum Risiko.

»Kleinring-Veranstaltung« ist das offizielle Etikett solcher Kampftage, das für den Laien irreführend ist. Nicht die Abmessungen des Seilgevierts, sondern fast der gesamte Aufwand drumherum ist hier geringer. Statt eines dreiköpfigen Kampfgerichts, wie es etwa bei Meisterschaften Pflicht ist, punktet allein der Unparteiische in den Rundenpausen. Nur ein Ringarzt begutachtet Verletzungen und steht für den Notfall parat. In Kombination mit den geringen Zuschauermengen und dem oft trüben Licht im Raum mag das wie eine Reise in die vergangene Ära der Faustfechterei in britischen Pubs anmuten. Für Helmut Slomke jedoch ist es einfach nur fortgesetzte Gegenwart.

»Ich hatte immer 'ne Schnitte im Boxsport«, sagt Slomke. »Aber mit Gewalt groß werden, das wollte ich nie. Entweder passiert einem sowas, oder es passiert eben nicht. Und dann ist es so auch in Ordnung.«

Fast fünfzig Jahre ist es her, seit der zweite Sohn eines Immobilienkaufmanns in Essen beim BC Dellwig zum ersten Mal die Fäustlinge über die Hände gezogen bekam. Später, bei Heros Essen, avancierte er zu einem passablen Amateur, der den Großteil seiner 150 Kämpfe gewann. Ab 1961 boxte er als Profi in Welter- bis Mittelgewicht. »Viermal in der Grugahalle. Unentschieden gegen Werner Hallmann, dreitausend sahen zu. Ich habe immer das Letzte gebracht, aber der, der aufgebaut werden soll, war ich nie.« Parallel war Slomke da auch schon im elterlichen Immobilienhandel tätig, wo die Provisionen für Grundstücke und Häuser im Westerwald die Kampfbörsen eindeutig übertrafen. Jedenfalls: Als das Angebot kam, in Kalifornien zu trainieren und zu kämpfen, lehnte Slomke ab – und blieb erfolgreich provinziell.

So ist das signierte Foto von Weltmeister Archie Moore, den Slomke in San Diego kennenlernte, zum Souvenir einer auf Distanz gebrachten großen Welt geworden. Unsentimental an die Wand gepinnt, lenkt es in seinem Asbacher Büro die Eigenheim-Interessenten aber oft genug in stockender Verhandlungssituation ab. Diese Wirkung seiner Nebentätigkeit hat er instinktsicher gespürt, seit er 1976 in Urmitz bei Neuwied, mit ihm selbst als Ersatzkämpfer und dem Kölner Peter Müller als Ehrengast, zu veranstalten begann. Heute, mehr als hundert Kampftage später, trägt er den inoffiziellen Titel »König der Kleinring-Veranstalter«, was ungefähr soviel heißt wie »größter Zwerg der Republik«. Und den Makler Slomke kennt dadurch von Königswinter bis Koblenz jede Kuh.

»Manch einer kommt und steckt mir abends einen Fünfhunderter zu«, so Slomke. »Die sagen nur: ›Für deine Boxer. Tu mich auf die Plakate oder ins Programmheft. Du wirst schon wissen, wo.‹«

»Sponsoring« hieß für Helmut Slomke nie mehr, als vom örtlichen Holzbaubetrieb eine viertelseitige Anzeige zu ergattern. »Mega« war ein Fight, wenn in der Koblenzer Uni-Mensa Dieter Schanz und Klaus Jacoby um den deutschen Leichtgewichts-Titel kämpften. Das ließ den Faustkampf hierzulande popelig, aber beharrlich überleben, als es statt Maske nur Jassmann und Wissenbach gab. Die es geschafft haben und heute größer sind, behandeln Slomke mit Respekt, auch weil sie fast alle bei ihm angefangen haben: Jean-Marcel Nartz, Sauerlands Matchmaker, als sein technischer Leiter, und Universum-Chef Klaus-Peter Kohl. Der brummte ihm als Präsident des Verbandes in den Achtzigern tausend Mark Strafe auf, weil Slomke mit einer gewissen Birgit Nuako als Erster das Damenboxen in Deutschland forcierte. So gut wie damals aber, als er mit seiner Novität halblegal durch Wirtshausstuben tingelte, hat er bis heute nicht mehr verdient.

Zusammen mehr als eine Viertelmillion hat Slomke nach eigener Rechnung allein bis Anfang der Neunziger bei seinen Veranstaltungen draufgezahlt. Hin und wieder hat er schon überlegt, ob er die 15.000 bis 20.000 Mark Etat pro Abend unbedingt weiter riskieren soll. »Aber dann«, sagt er, »kam es wieder von innen.«

»Authentisch« oder »familiär« sind die besseren Prädikate, mit denen Slomkes glanzlose Galas in der Boxszene belegt werden. Nicht so wohlwollende Stimmen dagegen unterstellen, dass er an seinen chronischen Verlierern auf gesundheitsgefährdende Weise profitiere. Wahr daran ist, dass Slomkes Boxer nur zu oft etwas käsig wirkende Durchschnittsbegabungen aus Osteuropa sind, die im Vorprogramm größerer Veranstalter, um im Jargon zu sprechen, so viel Siegchancen wie ein Schneeball im Ofen haben. Immerhin aber verschafft Slomke ihnen dadurch Arbeit, und an seinen Kampftagen, irgendwo in Gelsenkirchen-Rotthausen oder in Oberpleis, kriegen sie dann auch mal die Chance, als Gewinner aus dem Ring zu steigen.

Auf Jozef Lakatos etwa prasselt an diesem Abend der Applaus von hundert Händen herunter, als er den Drei-Seile-Ring in Oberlahr verlässt. Selbst das Dutzend angetrunkener junger Männer, die eben noch grölten, schaut dem Abbruchsieger jetzt anerkennend und schweigend hinterher. Noch so ein Sieg, sagt sein Manager Laszlo Pasterko, und man könne den Mann vielleicht in die internationalen Ranglisten bugsieren. Die Klasse dafür habe er ja, »kein Wunder, ist arbeitslos. Trainiert dreimal am Tag.« Als dann auch noch Andrea Lapcikova ihre junge Gegnerin ausgepunktet hat, beginnt die Pause – und damit »ein weiterer Höhepunkt« in Form einer Tombola.

Slomke persönlich steht jetzt mit dem Mikro im Ring und fahndet nach den Besitzern der Losnummern, die zwei Freikarten für das Spaßbad in Rengsdorf, ein Paar Boxhandschuhe und »diese große, schöne, kostbare Vase« gewonnen haben. Darauf folgt die Showeinlage zweier Mädchen vom »Seishin Fighting Team Neu-Isenburg«, und dann heißt es endlich »Ring frei« für den Hauptkampf Glofak-Feher. Die beiden Gefährten, die mittags im Wiegelokal noch Teller an Teller zu Tische saßen, liefern sich nicht gerade einen heißen Kampf. Aber wer wollte jetzt, gegen 23 Uhr, noch Blut fließen sehen? »Es ist doch das Wichtigste, dass wir alle hier wieder wie eine Familie zusammen sind«, hatte Slomke nach der Tombola schon gesagt.

Noch in derselben Nacht fahren Punktsieger Feher und Glofak, der Verlierer, gemeinsam mit Lapcikova, Pasterko und Lakatos im Honda-Kombi zurück nach Novè Zànky. In dem kleinen Ort an der ungarischen Grenze ist bis morgen Dorffest, und übermorgen ist Andrea wieder Sekretärin, Peter Berufsfahrer und Laszlo ein Spediteur mit zwei Volvo-Trucks. Herr Hussing, Herr Zielke und Herr Schweiger sitzen unterdessen noch etwas mit Helmut Slomke, seiner Frau und den beiden Töchtern im Wiegelokal »Auberge zur Traube« beieinander. Die Gäste haben einen abgestempelten Verzehrgutschein bekommen, auf den Helmut Slomke »Bis 20 Mark« gekritzelt hat.

»Was glaubt ihr, wie lange die dahinten von Tausend Mark leben können«, sagt der Delegierte Zielke. »Tausend Mark«, wiederholt Helmut Slomke amüsiert, »die lässt der denen doch nicht. Höchstens die Hälfte.«

Ein Auto voller Beulen

Am Wochenende war in Düsseldorf wieder Berufsboxen angesagt. Im Fernsehen ist das großes Kino, live ab 22 Uhr. Zsolt Erdei gegen Paul Murdoch, Regina Halmich gegen Viktoria Milo: rasante Titelkämpfe mit Nationalhymnen davor und allerlei Tschingderassabum. Wer denkt da noch an Gabor Balogh, den sowieso nur ein paar hundert Zuschauer in der Halle erlebt haben? Gegen 18 Uhr, als die TV-Kameras noch schliefen, stieg der 31-jährige Ungar zum ersten Vorkampf in den Ring. Sein Gegner war der frühere Amateur-Weltmeister Gennady Golovkin aus Kasachstan, der seinen ersten Kampf als Profi bestreiten sollte. Baloghs eigener Rekord stand bis dahin bei einem Sieg und drei Unentschieden in 27 Vergleichen. Wer behauptet, dass jeder im Ring seine faire Chance erhält, muss entweder Zyniker oder völlig ahnungslos sein.

Ob er denn wisse, dass er gegen einen hoch eingeschätzten Weltmeister antrete, hatten wir Gabor Balogh noch beim Wiegen über seinen slovakischen Manager zu fragen versucht. Doch Balogh, ein schüchterner Charakter mit fahrigem Blick, spricht offenbar nur Ungarisch. So antwortete sein Manager für ihn, der selbst eine lange Karriere als notorischer Verlierer in Europa hinter sich hat: Kein Problem, Gabor hat Erfahrung, und dieser Kasache eben nicht. Es dauerte dann nur 88 Sekunden, bis Gabor Balogh nach einem krachenden Kopftreffer auf den Boden knallte und sich auszählen ließ. So fangen die Karrieren künftiger Titelanwärter an, einerseits, und so geht andererseits eine Laufbahn weiter, die nirgendwohin führt. Denn Boxer wie Balogh sind die wahren Profis: Sie treten nicht an, um sich einen Traum zu erfüllen, sondern weil es bares Geld gibt für die Dienstleistung, den Kürzeren zu ziehen.

Allenfalls 1.000 Euro, so wird geschätzt, mag der slowakische Manager, der auch als Sekundant und Cut-Man fungierte, für Baloghs kurze

Vorstellung vom Veranstalter erhalten haben. So viel (oder wenig) ist branchenüblich. Was davon bei Gabor Balogh angekommen ist, bleibt ungeklärt – die Börsen werden hinterher direkt an den Manager entrichtet. Der hatte mit den Slowaken Patrik Prokopecz (36 Kämpfe, 27 Niederlagen) und Stefan Stanko (50 Kämpfe, 45 Niederlagen) noch zwei weitere Verlierer im Angebot – und kehrte am Sonntag gemeinsam mit ihnen im Transporter zurück. Ein Auto voller Beulen, außen wie innen, auf der Autobahn in Richtung Osten: Das sind die wahren Geschichten über die Ware Mensch, die kein TV-Sender zeigt.

RUNDE 10

Lucky Loser, Inc.

Zugegeben: In anderen Branchen werden Geschäfte in dieser Größenordnung längst anders gemacht. Im Box-Biz aber prägen noch immer ein paar Handvoll Männer die Geschicke, die über ein weltweites Geflecht aus horrenden Telefonrechnungen miteinander verwoben sind. Es sind Männer, die Rechtsanwälte genauso verachten wie alkoholfreies Bier und am Telefon Witze reißen. Sie lassen im Zweifelsfall lieber einen Deal platzen als mit jemand Geschäfte zu machen, der nicht lachen kann. So einer ist auch Johnny Bos, dem ich für die offene Tür zu seinem New Yorker Apartment sowie in sein Herz zu Dank verpflichtet bin. Durch Johnny konnte ich 1998 endlich gründlich hinter den Vorhang sehen und vom ewigen Geschäft mit dem Siegen und Verlieren berichten. Es hat Matchmaker Jean-Marcel Nartz, der mir den Tipp gab, einen Rüffel durch seinen Chef, einen deutschen Promoter, eingetragen. Wer aus dieser Zockerbude möchte sich schon in die Karten gucken lassen?

Eines der freundlicheren von den zahlreichen Gerüchten über Johnny Bos besagt, dass er für ein gutes, schnelles Geschäft sogar seinen Großvater ausgraben würde, falls sie in irgendeinem kleinen Hotelsaal in Reno, Tampa oder Pittsburgh gerade noch einen ungefährlichen Cruisergewichtler für vier Runden benötigten. Und dass er mit den paar Hundertern, die solche Geschäfte einbringen, jedes Mal unweigerlich in die Nacht von Manhattan eintauche, um dort das Leben, und besonders schwarze Frauen, in vollen Zügen zu genießen. Es ist ein freundliches Gerücht, weil eigensüchtiges Besitzstreben in der Gesellschaft am Boxring als Ausdruck eines starken Lebenswillens geradezu gehuldigt wird, und weil jede Form der Gier nach Sex, heterosexuellem Sex, hier ein willkommenes Indiz dafür ist, dass es sich bei dem Betreffenden nicht um einen Wichser, eine Schwuchtel oder sonst eine inakzeptable Abweichung von der Vorstellung eines wirklichen Mannes handelt.

Doch in dem engen Apartment im 9. Stock des McAlpin House in New York, Ecke 34ste und Broadway, liegen keine leeren Bourbon-Flaschen oder verkokste Stripperinnen herum, als Bos an diesem Mittag seine Arbeit aufnimmt. Das heißt: Als er nach einer ersten Dose Pepsi light (»das ist genauso gut wie Kaffee«) die zwei, drei Schritte bewältigt, die zwischen seinem Bett und einem alten, lederbezogenen Drehstuhl in der Mitte von zwei Telefonapparaten liegen. Im November werden es zwölf Jahre, seit er zum letzten Mal einen Tropfen Alkohol getrunken hat, und wenn er seinen Tag auch heute wieder sehr spät beginnt, liegt es einfach am Rhythmus seiner Arbeit. Der 46-Jährige ist ein internationaler »Booking Agent« im Gewerbe der Faustfechtkunst. Er vermittelt am Telefon Profiboxer der Sorte »capable but beatable« (fähig, aber schlagbar), wie er selbst sie nennt, in alle fünf Kontinente. Durchtrainierte, athletische Profis, die ihrem Gegner das Gewinnen schwer machen können, zumindest für ein paar Runden, und Gelegenheitsopfer mit unübersehbarem Bauchansatz, im Jargon *Tomato Cans* genannt – weil sie hinterher oft genug wie geschälte Tomaten aussehen. Designierte Verlierer in jedem Fall, denn am anderen Ende der Leitung, irgendwo zwischen Tulsa, Tokio und Sydney, sitzt ein Veranstalter, der einen guten Kampf mit dem richtigen Resultat haben will. »Niemand ruft einen Booking Agent an, damit sein eigener Boxer verliert«, weiß Bos. Da braucht es viel Zeit und Geduld, immer das Richtige für jeden zu finden.

Bis in den Morgen hinein hat Bos gestern zum Beispiel versucht, im dritten Anlauf einen Gegner für den Niederländer Orhan »The Turkish Delight« Delibas aufzutreiben. Der erste war dem Promotionbüro in Köln, das Delibas betreut, etwas zu leicht; der zweite erschien bereits als Risiko. Die übliche Ich-möchte-diesen-Jungen-vorsichtig-aufbauen-Nummer aller Manager, die Johnny Bos nach gut zwanzig Jahren in dem Geschäft zur Genüge kennt. Gerade diese übertriebene Angst vor einer Niederlage und dem daraus resultierenden Schandfleck im Kampfrekord ist es, die nach seiner Meinung heute verhindert, dass ein junges Talent vor seiner ersten Titelchance durch ein paar echte Feuertaufen geht. Was sagt denn schon ein Kampfrekord? »Zeig mir einen, der bei 7-0 steht«, sagt Bos, »und ich finde einen für ihn, der steht bei 2-7 und ist mindestens genauso tough. Und wenn die beiden zusammen im Ring stehen und es losgeht, kannst du deinen tollen Rekord aus dem Fenster schmeißen.«

So war es wieder vier, halb fünf geworden, bevor der große, breitschultrige Mann seinen Anrufbeantworter anstellen und sich zu Bett begeben konnte. Und während die Verkäuferinnen im Mega-Kaufhaus »Macy's« schräg gegenüber schon mal ihre Fingernägel für den nahen Feierabend feilen, fängt Bos nun gerade erst wieder an. Schaltet den Computer ein und surft im Internet durch die Meldungen aus der internationalen Boxwelt, schaltet Radio und Fernseher ein und greift noch in der gleichen Sekunde zu einem der beiden Telefone, die ihm jeden Monat eine Rechnung von 1.500 Dollar und mehr bescheren. Und bleibt so für die nächsten zehn, zwölf Stunden an eine Welt angekoppelt, die ihre eigene Art zu sprechen und Geschäfte abzuschließen hat. Eine Art, auf die sich Johnny Bos glänzend versteht.

»Mike, Johnny hier. Also in Baltimore wären sechs Runden für deinen Jungen drin, zwei Riesen plus Spesen extra. Gutes Geld, oder nicht? Gegner kommt aus New Jersey, sieben von zehn Kämpfen gewonnen oder so. Mein Gott, ja, kann ein bisschen hauen, aber kein Mike Tyson oder was. Einer von denen, die dich in den ersten drei Minuten erwischen wollen, weißt du, und danach sind sie tot. Und deiner kann richtig boxen, ich meine der tanzt durch den Ring, richtig? Also was ist jetzt, Mike?«

»Hi Frank, ich bin's. Was soll ich sagen, du bist eben 'n Hurensohn. Wähl mir die Finger wund für deinen Mexikaner, und du rufst nicht zurück. Was? Oh, du Mistkerl! Also schön, ich hab jetzt einen Puertoricaner, steht bei 14-9. Wenig K.o.-Siege, wenig vorzeitige Niederlagen. Haut nicht doll und geht über die Distanz, genau was ihr braucht. Okay? Ihr müsstet allerdings den Flug für ihn und seinen Trainer übernehmen, Lopez Soundso, du kennst ihn von dem Abend in Reno. Ziemlicher Wichtigtuer, aber egal. Sagst du bis heute abend noch Bescheid?«

»Hallo Malcolm, hier ist dein Freund, Johnny Bos. Wie läuft's da unten in Tennessee? Hör zu, ich brauch noch 'n Schwergewichtler für 'ne kleine Show in New York, und da dachte ich – was heißt, du kannst nicht? Dann fang eben jetzt an zu trainieren! Ja, jetzt! Pass auf, es sind noch fast drei Wochen, und Geld kannst du auch gebrauchen, richtig? Also hau dich in deine Klamotten, mach morgens einen Lauf und guck mal, wie du dich fühlst. Hey, Malcolm, du warst einer der Besten; viel verlernt haben kannst du gar nicht!«

Die richtigen Argumente zur rechten Zeit mit den eigenen Absichten kurzzuschließen, ist Bos' größtes Geschick. Zwei Telefone und das offizielle Buch mit Kampfrekorden kann sich jeder Idiot besorgen. Aber ein paar Tausend Profiboxer nach Gewichtsklassen und Leistungsstufen zu erinnern und die Stärken und Schwächen in ihrem Rekord im Bedarfsfall so oder so zu interpretieren – darin ist wahrscheinlich kein Zweiter ebenso gut. Soundso zu stark für deinen Mann? Aber sieh mal: Nur 5 von 14 Siegen waren vorzeitig, und gegen Mike Dixon, Levi Billups und Doug Davis, die alle ziemlich fertig sind, musste er über die Runden gehen. Soundso zu schwach? Mann, guck dir den Rekord genauer an: Unentschieden gegen Vince Boulware, der mal in den Ranglisten war, und gegen drei spätere Champions ist er über die Distanz gekommen. Was willst du noch?

So führt Bos Profiboxer, die mal wieder einen Kampf gewinnen wollen, mit anderen Profiboxern zusammen, die mal wieder einen Zahltag haben wollen. Ein Kontaktspray namens Johnny, in beiden Ecken gleichermaßen beliebt. Jimmy Jacobs, einst honoriger Co-Manager von Mike Tyson und inzwischen Fernsehkommentator, hat ihn einmal *The Genius of Shit* genannt. Das war eher als Verneigung denn als Kritik gemeint: Mit der richtigen Auswahl der Sparrings- und Aufbaugegner für »Iron Mike« hatte Bos seinen bescheidenen, aber unumstößlichen Anteil am Aufbau von Jacob's späteren Champion. Und so war es auch in den Achtzigern, als sie Kanonenfutter für Gerry Cooney, die designierte »weiße Hoffnung«, brauchten. Stets stieg der gute Johnny für die feinen Herren in die unterirdischsten Räume des rauen Sports hinab – und kam mit der passenden Flasche wieder.

»Seine Fähigkeit, für jeden noch so schlechten Boxer einen weiteren zu finden, der noch schlechter ist« lobte vor Jahren schon das legendäre Fachblatt *The Ring*, ebenfalls ganz ohne Ironie. Herbert G.Goldman, renommierter Boxhistoriker und damals Chefredakteur des konkurrierenden *International Boxing Digest*, zählt ihn zu den besten Kennern in dem blutigen Sport. »Johnny Bos versteht was von Boxern«, sagt Goldman, »er kann einem sagen, was der und der mit dem und dem im Ring macht. Frag nicht die Manager oder die Promoter, wenn du was über die Qualität von Boxern wissen willst. Frag Leute wie Johnny Bos.« Denn Gewinner aussuchen ist leicht. Gewinner bilden eine kleine, eisdünne Schicht. Sie sind der Samstagabend in dem Geschäft, über die man die Woche schnell vergessen kann. Die Welt der übrigen Profis dagegen, die am Dienstag in Biloxi gewinnen und am Donnerstag zehn Tage darauf in Fort Worth nach Punkten verlieren und dann im Vorprogramm im *Caesars* in Las Vegas, oder in der Dortmunder Westfalenhalle, in der zweiten Runde ausgeknockt werden – diese Welt, die den Humus für die Gewinner bildet, kennt tausend verschiedene Abstufungen. Und dort in die richtige Lage zu greifen, ist eine Kunst. Bos' Kunst.

»Es geht ja nicht einfach ums Verlieren, egal wie«, erklärt er. »Die Jungs da draußen sollen schließlich einen echten Test durchlaufen. Eine kleine Herausforderung, durch die sie etwas lernen. Also versuche ich, den knappsten Kampf möglich zu machen, Gegenwert für Geld zu bieten, und hoffe, dass am Ende der *Hometown Boy* nach Punkten oder durch Abbruch in den hohen Runden gewinnt.« Mit dieser Strategie hat Bos sich neben einem weiteren New Yorker, Don Majeski, an die Spitze eines halben Dutzends international renommierter Booking Agents geschoben. Zuverlässigkeit ist obligat in dem Geschäft, sein Tempo wichtigstes Extraplus. Nur zu oft kommt es ja vor, dass ein Boxer plötzlich in letzter Minute absagt, im falschen Flugzeug sitzt oder sonstwie verschollen bleibt, und dann bestellen sie bei Bos dessen Spezialität, den »Late Substitute«.

Zum Beispiel Freddie Brown, Gelegenheitsprofi im Halbschwergewicht: An einem Freitagmittag im April läuft der Angestellte einer Air Base in Virginia noch ahnungslos als Caddy über den Golfplatz, als Bos' Anruf um halb drei im Barber Shop der Basis eintrifft. In Deutschland, hat man Bos telefoniert, ist ein Gegner in diesem Gewichtslimit ausgefallen. Also holen sie Brown gegen drei vom vierten Loch, rasen mit ihm zum Flughafen in Norfolk, setzen ihn um vier in die Maschine nach New York, wo er um sechs die Maschine nach Berlin nimmt und dort nach europäischer Zeit abends um sieben eintrifft. Dort steht er am nächsten Mittag pünktlich auf der Waage und liegt am Abend, bei seinem Kampf mit dem Deutschen Manfred Jassmann, ein bisschen überpünktlich in Runde 1 auf dem Ringboden. Trotzdem ein Spitzenjob von Bos, der sagt: »Unter Druck werde ich noch besser.«

Nicht, dass der Mann keine Sieger im Sortiment hätte. Als Manager ist er an den Erfolgen von Kirk Johnson, einem noch ungeschlagenen Schwergewichtler, sowie dem Weltergewichts-Champion des wenig bedeutenden WBU-Verbandes, Joey Gamache, beteiligt. Als Matchmaker stellt er im Auftrag des Promotion-Unternehmens ›Main Events‹, die u.a. Evander Holyfield hochbrachten, die Vorkämpfe für die großen Veranstaltungen in Atlantic City und anderswo zusammen. Aber sobald einer aus der »Undercard« herausragt, gar einen Titel erringt, wechselt er nur allzu oft plötzlich zu den millionenschweren Tycoons im internationalen Geschäft – zu Don King, Bob Arum, Cedric Kushner und den Duvas. So wie Tracy Harris Patterson, Neffe seines legendären Onkels namens Floyd, der Bos noch vor dem Gewinn des IBF-Titels im Superfedergewicht 1995 absprang, kurz vor Erreichen der Gewinnzone. Gegen solche Verluste, weiß Bos, hilft nur eine Medizin:

irgendwo einen neuen, jungen Boxer zu entdecken mit flinken Fäusten aus Dynamit, den er fördern und aufbauen kann. *Same old story.*

»Hier«, sagt Bos, und schiebt ein Video in den Recorder ein. »Ganz junger Kerl aus Mexiko, Emanuel Lucero. Lebt jetzt in New Jersey. Ist 'n Amateurkampf, aber siehst du die Power? Der andere ist bestimmt nicht schlecht, aber Emanuel verschleißt ihn einfach. Pass auf, jetzt!« Ja, jetzt – jetzt leuchten die Augen von Johnny Bos, als hätte er von diesem schmutzigen Spiel noch immer nicht genug gesehen.

Boxer bewundern und auf ihr Glück zu spekulieren, war immer schon eins. Johnny Bosdal, Sohn norwegischer Einwanderer, war gerade sieben Jahre alt, als er die ersten Boxkämpfe auf den Knien seines Vaters im Fernsehen verfolgte. Mit anderen Rotzlöffeln in der Gegend um den Sunset Park in Brooklyn schloss er erste Wetten ab und gewann fast immer. Johnny kannte die blutigen Männer einfach besser als sie, denn je mehr er über sie wusste, desto länger ließ ihn sein Vater, auch er ein großer Fan, abends dabei sein. In diesen Tagen, als die Champions Floyd Patterson, Archie Moore und Emile Griffith hießen, gab es fast täglich einen Kampf im TV, und so war es auch auf der Straße. »Mit dreizehn war ich fast ausgewachsen und ein echtes Schwergewicht«, erinnert Bos. »Mann, und dann wollen es alle bei dir versuchen. Jesus, war das ein Stress!«

Als Teenager würde er einen einzigen Amateurkampf haben und gewinnen, aber prinzipiell blieb er Zuschauer und Zeuge. Schlüpfte an den Kassen vorbei in die Arenen von Manhattan und Queens und sammelte als Memorabilia, was immer er von den Boxern ergattern konnte. Die Handschuhe von Sugar Ray Robinson, in denen er Bobo Olson ausknockte. Ein Stück der Bandage von Carlos Ortiz' Händen, mit denen er im November '66 Flash Elorde erledigte. Er ließ Schultage ausfallen und wurde, was sie in Amerika eine *Gym Rat* nennen: einer von diesen altklugen Kids, die sich in den Übungshallen der Boxer an die Wände drücken und mit den Alten, ewige Jungen auch sie, darüber diskutieren, wer gegen wen eine Chance hätte und wer nicht. Manhattans Gyms – das Gramercy Street Gym, das Parks Department Gym, Gleason's Gym, 42nd Street Gym und Stillman's Gym, um die wichtigsten den Broadway hoch zu nennen – war voll solcher aufgeregter

Kids, und Johnny Bos platzte fast vor lauter Namen und Daten von Boxern.

Ein paar Jahre später, als er seine ersten Dreißig-Dollar-keine-Autorenzeile-Berichte für Boxzeitschriften verfasste, begannen die Wetter und Manager Bos nach der Qualität und dem zu erwartenden Ausgang von Kämpfen zu befragen. Er wusste gewöhnlich immer, was passieren würde, und war »ein Trottel«, wie er im Rückblick sagt, dieses Wissen umsonst weiterzugeben. Zu der Zeit lebte er noch auf zwei Seiten: Tagsüber arbeitete er als Hilfskraft ohne Schulabschluss im Hauptgebäude der New Yorker Post, unmittelbar gegenüber dem Madison Square Garden, abends ging er über die Straße und sah die Kämpfe. »Aber wenn du Asthma hast, hast du immer eine Entschuldigung für die Arbeit«, sagt Bos, der immer seltener und dann gar nicht mehr auf die andere Straßenseite ging: »Wie viel Bestätigung ist es schon, wenn du am Abend sagen kannst: »Mann, heute habe ich wieder sechs Boxen voller Briefe sortiert?«

Also wurde der klobige Riese mit den langen Haaren und dem Fu-Manchu-Bart unter der notorischen Pilotenbrille mit 26 Jahren sein eigener Herr und Diener vieler Auftraggeber im Boxgeschäft. Sein größter Mentor und Partner in dieser Zeit, der international engagierte Promoter Mickey Duff, verließ sich bei der Auswahl von Gegnern und Sparringspartnern elf Jahre lang auf sein Urteil. Über Duff kam Bos in Kontakt mit Managern und Matchmakern in Großbritannien, Frankreich, Italien, Dänemark und Deutschland, und hatte dadurch bald ein eigenes Netz von Beziehungen aufgebaut. Die Kooperation mit dem deutschen Matchmaker-König Jean-Marcel Nartz, der für den aus Wuppertal stammenden Promoter Wilfried Sauerland die Geschäfte führt, dauert nun schon knapp zwanzig Jahre an. Fast alle Profis aus dem Sauerland-Stall, von Henry Maske bis Axel Schulz und Markus Beyer, wurden und werden von Bos mit Aufbaugegnern der Güteklasse »capable but beatable« aufgepäppelt. Nichts kommt zwischen Aachen und Cottbus anscheinend besser, als wenn ein möglichst dunkelhäutiger US-Boy im gleißenden Licht der Ringscheinwerfer von einem deutschen Faustkämpfer auf den Boden getrommelt wird.

Gar nicht so einfach für einen internationalen Booking Agent, da immer Nachschub zu liefern. »Mal ganz ehrlich«, sagt Bos: »Die besten Boxer in Europa sind gewöhnlich nicht so tough wie die besten in Amerika. Sie mögen mehr Geld verdienen, aber ihre Gegner sind einfach schlechter. Maske war ein großartiger Boxer, aber wen hat er je fertig gemacht – wham, bam, thank you, man? Ist einfach nicht passiert... Wenn ich es aber so hinkriege, dass alle deutschen Boxer ihre Kämpfe verlieren, bin ich aus dem Geschäft.« Bos weiß, wann der Fan in ihm dran ist und wann der Geschäftsmann; Bos kennt die Grenzen. Und wenn er Matchmaker Nartz mal aus Versehen eine zu harte Nuss geschickt hat, traten dem fast in jedem Fall noch beizeiten die deutschen Kampfrichter zur Seite.

15. Februar 1997, Kurhalle Oberlaa in Wien: Der einstige Ranglistenboxer Ron Essett bringt Norbert Nieroba aus Ahlen ein ums andere Mal in arge Bedrängnis – bis der Ringrichter ihn in der 3. Runde wegen eines angeblichen Tiefschlags plötzlich disqualifiziert. 13. April 1997, *Sartory-Säle* in Köln: Schwergewichtler Timo Hoffmann wird bei seinem Profidebüt von einem Mike Robinson in sechs Runden klar ausgeboxt, ja regelrecht vorgeführt. Die einstimmige Punktentscheidung aber ergeht zu Gunsten von Hoffmann. 1. Juni 1997 in Riesa: Gerade als Emanuel Burton im Kampf gegen den von Deutschland aus betreuten Engländer Stephen Smith die Oberhand gewinnt, sinkt Smith in Runde 3 nach einem unbeabsichtigten Tiefschlag Burtons kampfunfähig zusammen – und wird entgegen dem Regelwerk, das hierfür ein »technisches Unentschieden« vorsieht, zum Sieger durch Disqualifikation ernannt. Sowohl Burton als auch Robinson und Essett waren auf Bos' Vermittlung mit höchst durchschnittlichen Rekorden angereist – doch leider immer noch zu gut.

Wer Johnny Bos Vorhaltungen machen wollte, er betreibe ein zynisches Geschäft, ist darum an der falschen Adresse. Bos liefert das Material, nicht die Logik für das Geschehen. »Welcher Kampf gemacht wird, ist Sache der Manager und Promoter«, sagt er. »Ich biete bloß einen Gegner an für soundsoviel Geld, und was immer geschehen soll, geschieht.« Einmal hat ihm der dänische Manager Mogens Palle vorgehalten, er habe ihm zu einem WM-Titelkampf seines norwegischen

Schützlings Magne Havnaa im Januer '91 mit dem schwarzen US-Amerikaner Tyrone Booze einen viel zu schweren Brocken geschickt. Booze hatte den überbewerteten Havnaa zwölf Runden lang durch das Seilgeviert geprügelt. »Du bist doch einer von uns«, hatte Palle auf Bos »Abstammung« angespielt, »Wie kannst du uns so in den Rücken fallen?« Dabei war dies ein Titelkampf und Bos der Manager von Booze, und am Ende hatten sie dann doch den Norweger zum Punktsieger erklärt.

»Dies ist ein Geschäft«, erklärt Bos, »das Ganze hat nichts mit Abstammung zu tun. Wenn ich einen schwarzen Boxer bringe, bin ich an dem bewussten Abend auch schwarz. Wenn ich einen Italiener bringe, bin ich Italiener. Ich bin auch Ire, Mexikaner, Philippino und Deutscher. Ich bin, was immer ich an diesem Abend sein muss.«

Ein einziges Mal in zwanzig Jahren hat ihn eine Beschwerde wegen eines von ihm vermittelten Gegners wirklich getroffen – und zwar am Kinn. Das war irgendwo in der Provinz von Pennsylvania, in den weiter zurückliegenden Tagen, als Bos noch Bier und Bourbon soff wie eine Ziege Wasser und die freundlichste Bemerkung über ihn besagte, dass er *quite a character* sei. Da streckte ein Betreuer vom Sohn des örtlichen Polizeipräsidenten, der überraschend verloren hatte, Johnny Bos mit einem wütenden Schwinger nieder. »In der einen Hand hielt ich eine Zigarette und in der anderen einen Drink«, grinst Bos. »Aber ich habe kein Stück Asche und keinen Tropfen von dem Drink verkippt.«

Inzwischen ist Bos über die Jahre nüchtern geworden, und mit ihm das Geschäft in dem immer weniger beachteten Sport. Im Herbst wird mit USA Networks der letzte frei zugängliche Fernsehkanal, der regelmäßig Boxkämpfe zeigt, seine »Tuesday Night Fight« genannte Sendung einstellen. Im guten alten Madison Square Garden bringen allenfalls noch zwei, drei »Mega-Fights« pro Jahr ein annähernd volles Haus. Die meisten der Gyms in Manhattan sind rentableren Objekten gewichen. Die Box-Magazine klagen über eine wahre Sintflut von Weltverbänden, die wie Schimmelpilze aus dem Boden schießen, und flüchten sich in nostalgische Prosa über Sugar Ray Robinson, Carmen Basilio, Jake LaMotta und das traurige Ende von Sonny Liston. Die wenigen Stars von heute, wie Oscar De La Hoya, Roy Jones und Evander Holyfield, ziehen ihnen Interviews für Lifestyle-Magazine vor – wenn sie überhaupt noch Interviews für Zeitschriften geben.

Solange die Welt aber weiter Gewinner braucht, braucht sie auch und vor allem Verlierer aus dem Sortiment von Johnny Bos. Auch wenn deren Qualität, wie er selbst findet, in den letzten zehn Jahren spürbar nachgelassen hat. »Heute kriegt man diese Boxer, die in der Defensive stark sind, kaum noch zu fassen«, sagt Bos. Und selbst wenn, lauern da immer noch ein paar Hindernisse. Einer hat gerade erst einen K.o. gekriegt und ist noch gesperrt. Einer ist in der Drogenklinik, einer sitzt in Untersuchungshaft. Einer kann das Gewicht nicht bringen. Einer hat keinen gültigen Pass. Und neunundneunzigkommafünf Prozent von allen haben weder einen HIV-Test noch eine Hepatitis-Untersuchung, die heute fast überall unabdingbare Startauflagen sind. »Es ist nicht so, dass du einfach einen anrufst und der kann«, sagt Bos, »das ist die Ausnahme von der Regel.«

Es ist fast elf Uhr abends, als Bos beschließt, seinen vorläufigen Feierabend anzutreten. Er klemmt seinen Pager an den Hosenbund, steckt das Handy in die Innentasche seines pinkfarbenen Jackets und winkt sich draußen auf der Straße ein Taxi heran, das ihn zehn Blocks weiter *uptown* bei seinem Lieblingsrestaurant, einem Barbecue-Grill, vor die Tür setzt. Danach wird er wie jede Nacht nebenan in »Jimmy's Corner« landen, der unprätentiösen Box-Bar mit den alten Kampf-Fotos an den Wänden, und dort vier bis acht Diät-Cola kippen – ein Auge auf die Bedienungen gerichtet, die natürlich alle eigentlich Tänzerinnen sind, und ein Ohr auf die kleinen Lautsprecher, aus denen die Soul- und Rockhits der letzten drei Jahrzehnte kommen. Das andere Ohr bleibt alarmbereit in Richtung Pager aufgespannt. Wenn er gegen drei, vier Uhr zurück ist, erledigt er noch die ersten Übersee-Telefonate.

Was hatte es heute noch gegeben? Ein 47-jähriger Boxprofi, James Monaco, hatte angerufen und sich beschwert, dass er keine Kämpfe mehr durch ihn vermittelt bekäme. Mike, der Manager, hatte sich noch einmal hören lassen und plötzlich Bedenken wegen des Gegners für seinen Mann in Baltimore geäußert. Frank, der Hurensohn, blieb weiter verschollen. Und der dritte vorgesehene Gegner für Orhan Delibas, ein Manuel Esparza aus Mexiko, hatte abgesagt. Doch in den nächsten

Tagen würde Bos ihn im vierten Versuch durch einen gewissen Benji Singleton ersetzen. Der flog dann wirklich rüber nach Deutschland, bot dort einen ganz ansehnlichen Kampf und verlor am Ende einstimmig nach Punkten.

Saubere Arbeit, Johnny Bos!

Holen Sie Brewster!

Man hätte erwarten können, dass der Mann an diesem Morgen mal die Bretterbirne singen lässt oder die eine oder andere Delle in den Sandsack haut – was Berufsboxer so machen, wenn sie Journalisten in ihr Gym einladen. Doch dieses Exemplar hier hat dafür offenbar keinen Nerv. Endlich sind alle mal nach Rottweil gekommen, einer Kleinstadt zwischen schwäbischer Alb und Schwarzwald, endlich ein Heimspiel. Da wickelt Luan Krasniqi lieber seine Zuhörer als die großen Hände ein und ficht mit der Zunge.

Es war also mal ein halbwüchsiger Junge aus dem Kosovo, der beim TSV Rottweil beinahe Zehnkämpfer geworden wäre. Doch die nötigen Spikes dazu waren für ihn unerschwinglich. Also wechselte das jüngste von acht Zuwandererkindern in den Boxverein, wo er die ersten Stiefel geschenkt bekam, und arbeitete sich bis ins Trikot der deutschen Nationalstaffel hinauf. Darin gewann er 1996 in Atlanta Bronze und wurde Profi, um sich nach 28 Siegen in 30 Kämpfen nun um den WM-Titel im Schwergewicht zu bewerben. Am 28. September, genau gesagt, wenn der Normalausleger zu Max Schmelings 100. Geburtstag den WBO-Champion Lamon Brewster fordert.

»Man kann also sagen, dass die teuren Spikes schuld sind«, lacht Krasniqi. Im Grunde, glaubt er, werde sowieso alles durch solche Koinzidenzen zusammengefügt: »Ich bin mir sicher, dass das irgendwie von oben gesteuert wird.« Ganz so glatt, wie das klingt, waren die Dinge jedoch gerade bei ihm nicht aufeinander gefolgt.

Acht Jahre lang hat der ebenso laute wie eigentlich scheue Individualist in dieser umfunktionierten Industriehalle vor sich hin geschwitzt. Außer ein paar Insidern aber schaute kaum einer vorbei. Meist waren andere im Vordergrund, namentlich die Klitschkos, während er der Geheimtipp aus dem Vorprogramm blieb. Plötzlich aber dreht sich die große Boxwelt um ihn. Denn Krasniqi eröffnet sich eine historische

Chance: Er kann der erste deutsche Schwergewichts-Champion nach Schmeling werden.

»Es ist meine Verneigung vor ihm, dass ich an diesem Tag in Hamburg boxe«, sagt Krasniqi, der die Boxikone vor zwei Jahren traf. Da war Schmeling »hellwach und fürsorglich, es war grandios. Ich hab geheult, als ich mich verabschiedet hab.« Die bemühten Parallelen mit dem Verstorbenen sind dagegen eher eine Last: »Es ist ja nicht wahr, dass ich Schmeling beerben möchte. Ich möchte meine eigenen Spuren hinterlassen.«

Außerdem ist das Duell mit Champion Brewster, einem K.o.-König mit 28 Abbrucherfolgen, alles andere als schon gewonnen.

Ja, mehr noch: für viele ist Krasniqi nicht mal der Favorit. Den ganz großen Erfolg bei den Profis hat man dem Normalausleger trotz seines ausgesprochenen Bewegungstalents selten zugetraut. Selbst ein Sieg über Wladimir Klitschko bei den Amateuren konnte nicht alle überzeugen. Er reagiere unter Druck zu sensibel, hieß es oft, und sei äußerst eigensinnig. So schloss er 1997 nicht mit dem deutschen Großpromoter Klaus-Peter Kohl ab, der ihn schon seit Jahren verdeckt förderte, sondern mit dem britischen Millionär Panos Eliades, weil das lukrativer schien.

So tingelte der Außenseiter zwischen London und Las Vegas, wann immer Eliades einen billigen Vorkämpfer brauchte – oder sein Champion Lennox Lewis einen Sparringspartner. Dabei zog Krasniqi sich zwar manches Mal Kopfweh zu, »aber am Boden hatte Lennox mich nie.« Schon damals attestierte desssen Coach Emanuel Steward ihm »eine fantastische Hand-Auge-und Fuss-Koordination«. Das war eine Zeit lang aufbauend, »aber in meiner sportlichen Entwicklung bin ich stehen geblieben.«

Mit gehöriger Verspätung stößt er in 2000 doch noch zu Kohls Boxstall, wo er sich hinten anstellen muss – noch geht es in Hamburg um die Klitschkos. Als Vitali zu einem Kampftag in Dortmund wegen Krankheit ausfällt, wird Krasniqi im Sommer 2002 zufällig zum Hauptkämpfer – und vergibt kläglich seine Chance. Im EM-Kampf mit dem Polen Przemyslaw Saleta steigt er vor Millionen entgeisterter TV-Zuschauer entkräftet nach der 8. Runde aus. Was er danach im Gym erlebt, ist reines Mobbing. Wochenlang wird er als »Frau Krasniqi« tituliert, irgendwer stellt ihm Frauenlatschen vor die Dusche.

Da wäre die sportliche Laufbahn eines gewöhnlicheren Charakters vielleicht zu Ende gegangen. Doch der stolze Athlet erkämpfte sich durch eine Siegesserie samt eines erfolgreichen Rückkampfs gegen Saleta die kollektive Achtung zurück. »Meine Ehre war schon etwas angegriffen«, blickt er zurück – und will die Schlappe doch nicht missen. Ihre Folgen haben ihn noch mehr fokussiert, nachdem er zu Trainer Torsten Schmitz gewechselt ist. Dazu haben ihre Erfahrungen beim Umgang mit den Claqueuren in der Branche geholfen.

Wer ihm etwas zugetraut hat und wer nicht – darüber hat Krasniqi tief in seinem Herzen eine unlöschbare Datei angelegt. Am liebsten aber reibt er sich an seinem Promoter Klaus-Peter Kohl. Für den ist er so lange nur zweite Wahl gewesen, dass er sich nun mit zähen Verhandlungen über die Kampfbörsen rächt – bis kurz vor dem ersten Gong. Von Geld versteht der Boxprofi mit Abitur, der in Aktien investiert, eine Menge. Und wenn er über »diese Ganoven« herzieht, die alle Boxer grundsätzlich berauben, ist nie ganz klar, wer da spricht: Robin Hood oder Dagobert Duck.

»Holen Sie mir den Brewster«, hatte Krasniqi den Promoter beschworen, als jener im April vergangenen Jahres durch einen Abbruchsieg über Wladimir Klitschko Titelträger wurde, »den erledige ich in drei, vier Runden!« Das war auch ein bisschen zum Fenster heraus gesprochen, weil ZDF-Anchorman Wolf-Dieter Poschmann daneben saß. Nun bekommt der streitbare Boxer von seinen zwei Lieblingskellnern diese Chance für eine Rekordbörse serviert. Er wird sie nutzen müssen, denn wie hatte Schmeling ihm bedeutet: Die großen Gelegenheiten kommen selten.

Luan Krasniqi verlor den WM-Kampf gegen Lamon Brewster durch Abbruch in Runde 9. Seine Laufbahn hat er fortgesetzt.

Industrie der Hoffnung

Westminster, Soho, South Kensington – alles ganz nett. Wer in einer europäischen Metropole wie London jedoch nach Spuren des Faustkampfs sucht, muss sich an ihre Ränder begeben. Dort findest du noch Menschen wie Eugene Maloney, den stolzen Besitzer eines kleinen Gyms, in dem die »blokes« weiter das gleiche Ziel hegen wie ehedem. Aufsteigen durch das, was man sich mit eigenen Händen aufgebaut hat. Ich werde wohl nie aufhören darüber zu staunen, wie toughe Jungs sich dieser fast schon altmodischen Hoffnung hingeben. Die geringe Aussicht auf nachhaltigen Erfolg scheint manche nur um so mehr zu beflügeln, zumindest war das beim wortkargen Chas Symonds so. Und auch wenn der »Bomber« nach einer schweren Niederlage seine Karriere inzwischen beendet hat – es hatte seinen Wert für ihn. Im Ring und drumherum hat er erfahren, wie das ist – jemand zu sein.

»**Na also, der** Junge ist scharf. Gottverdammich, ist der scharf! Hey Al, sag doch mal selber: Ist der Junge nicht *fuckin' sharp*«?

Eugene Maloney ist wieder mal richtig aufgedreht. Soeben hat der untersetzte Manager zugesehen, wie Chas »The Bomb« Symonds in seinem Gym über zehn Runden insgesamt drei Sparringspartner verarbeitete. Eine Synfonie aus Gekeuche und aufprallendem Leder, *ba-bamm, batta-bamm.* Einer der Sparringspartner hat nachher etwas Blut in den Eimer gespuckt, als er seinen Kopfschutz runternahm, und das ist nur gut so. Nun haben Trainer Al Smith und er die Gewissheit, dass der Bomber bereit ist. Am nächsten Freitag soll der 21-Jährige im Hauptkampf eines Abends, den Maloney in Bethnal Green ausrichtet, um den Titel eines *Southern Area Champions* im Weltergewicht boxen.

»Du wirst ihn zersägen, Chas«, strahlt Maloney zufrieden. »Nicht wahr, Al? Wenn er nur diese Haken bringt, wird er ihn früher oder später zersägen!«

Es ist längst Mittag geworden in Deptford, einem jener unwirtlichen Stadtteile südlich der Themse, wo hauptsächlich jene leben, die nicht viele Alternativen haben. Wo am Abend die Drogen wie Ingwerkekse unter den Jugendlichen verteilt werden und sich die Alten ängstlich hinter trüben Gardinen verziehen. Hier an der Wotton Road aber, unweit der U-Bahn-Station *New Cross*, lebt die Hoffnung im tradierten Stil weiter. Unten der Pub »Lord Clyde«, in dem ein paar verlorene Gestalten den Pferden eines live übertragenen Rennens hinterhersehen, und oben das Boxgym – Maloneys *Fight Factory.* Hier Asketen, dort Trinker und Träumer – so war das in London schon, als man das Bier noch mit Pferden über die Dörfer kutschierte.

Der kleine Drei-Seile-Ring in dem Gym hat zwar längst nicht die Ausmaße, die für offizielle Wettkämpfe vorgeschrieben sind. Doch darauf kommt es laut Maloney auch gar nicht an. Seine Jungs sollen hier nicht das Weglaufen, sondern das Standhalten üben. So wie er selbst nicht zurückweichen durfte, als er mit seinem Bruder Frank im benachbarten Peckham aufwuchs – ein unerschrockener Junior, der später ein passabler Amateur und danach mittelprächtiger Profi wurde. Was nützt schon die eleganteste Technik, wenn einer nicht kämpfen kann?

»Du musst es hier haben und hier«, sagt Maloney, und setzt beide Hände ein. Die eine schlägt donnernd auf den Brustkasten, die andere fasst in den Schritt der frisch gebügelten Hose. *Big heart, big balls.* »Wenn du das nicht hast, solltest du nicht boxen. Denn es ist ein gefährlicher und sehr, sehr harter Sport.«

Und wer sagt eigentlich, dass der in London nicht mehr populär ist? Oben im Zentrum der Metropole fällt zwar kaum mal ein Plakat ins Auge, denn eine ordinäre Box-Veranstaltung könnte zwischen all den trendigen Westend-Theatern, Restaurants und Multiplex-Kinos nur schlecht bestehen. An den hässlichen Rändern dieser für Touristen und Menschen in *pinstripes* geschaffenen Welt aber blüht das raue Geschäft des Preisboxens immer noch weiter. Eine Sumpfblüte der Peripherie, aber auch Kultur jener Kaste, die das Kämpfen als oberste Maxime des Überlebens versteht.

»Es ist nicht mehr so wie vor vierzig, fünfzig Jahren«, sagt Daniel Herbert, einer der erfahrensten Boxjournalisten in der Stadt, »aber das gilt ebenso für das übrige England... Und Aktivitäten gibt es hier immer noch genug.« Allein im vergangenen Jahr wurden in der *Southern Area* zwischen Greater London und Brighton 53 *Professional Boxing Shows* abgehalten – mehr als in der gesamten Bundesrepublik.

Es sind weniger die seltenen Abende in der gigantischen *London Arena* an der Canary Wharf, oder die im pompösen *Alexandra Palace* im Norden, die den Bestand des *Bloody Business* garantieren. Es sind die vielen, an sich wenig bedeutenden Abende in den kleinen Hallen von Elephant&Castle, Whitechapel, Acton, Bermondsey und Bethnal Green, die meist unter der Woche und ohne die Präsenz von TV-Kameras über die Bühne gehen. Dort sitzen die wahren Sachverständigen als ebenso loyale wie anspruchsvolle Fans, dort werden die jungen Talente auf halbwegs ehrliche Weise gefordert.

»Wenn du nur von den Tickets lebst, musst du den Leuten enge Kämpfe bieten«, weiß Eugene Maloney. Also keine Scheingefechte mit handverlesenen Nieten, so genannten *bodies*. Das ist am Ende des Tages auch für seine Talente besser: »Du kannst Micky Maus und Donald Duck verhauen haben. Aber was hilft es dir, wenn du eines Tages um einen Titel kämpfst – und plötzlich steht einer vor dir, der für einen Schlag drei zurückgibt?«

Value for money zu bieten, ist Maloneys ganzer Ehrgeiz – und inzwischen auch sein Markenzeichen. »Fast immer exzellente, ambitionierte Kämpfe«, lobte kürzlich die wöchentlich erscheinende *Boxing News* seine Freitags-Shows in der alten *York Hall* in Bethnal Green. Das hat für Kundenbindung gesorgt: Acht Tage vor Chas »Symonds« Titelkampf ist die *Fight Card* bereits ausverkauft. Auch die Fans zwischen Southend und East End sind nun schon *fuckin' sharp*.

Das nächste große Duell, der nächste ungeschlagene Champion – davon träumen Londons Männer, seit die moderne Form des Preisboxens hier etabliert wurde. Es waren durchweg ehrwürdige Gentlemen, die bei den ersten Champions und Lehrmeistern der *Noble Science of Defense* im 18. Jahrhundert in die Schule gingen. Bei James Figg, dem *Father of Boxing*, der an der Oxford Road eine Schaubude unterhielt; und Jack Broughton – Hauptdarsteller und Besitzer eines Amphitheaters an der Tottenham Court Road, der 1743 die ersten Boxregeln der Moderne einführte. Später kamen die neugierigen Massen, die windigen Zocker und die neutralen Offiziellen dazu, die sich allmählich zur bizarren Mikrowelt des Boxsports summierten.

London war das Zentrum des Geschehens, weil hier eine einzigartige Infrastruktur aus Trainern und Aktiven, Förderern, Funktionären und Zeitungsreportern entstand. Außerdem bot die Soziologie dieses Konglomerats aus hundertundsowieso Stadtteilen ideale Bedingungen für lokale Rivalitäten – der Mann aus West Ham gegen den Mann aus Hammersmith usw. Ende des 19. Jahrhunderts wurde es Tradition, alle Kämpfe um den Gürtel eines britischen Champions, den *Lonsdale Belt*, unter der Aufsicht des »National Sporting Club« in dessen Räumlichkeiten am Covent Garden abzuhalten. Wer Anerkennung als Boxer suchte, musste sich also früher oder später in die Hauptstadt bewegen. So blieb es auch in den moderneren Zeiten.

In den Jahren nach dem Ersten Weltkrieg konnten sich kurz entschlossene Männer in Bella Burge's *Blackfriars Ring*, einer umgebauten Kapelle in Southwark, jeden Abend in einen regulierten Faustkampf stürzen. Später übernahmen gewiefte Promoter wie Jack Solomons,

Harry Levene, Mickey Duff und Jarvis Astaire das große Geschäft. Sie lockten Zigtausende zu den Titelkämpfen von Londons Besten ins *White City Stadium*, ins *Manorland*, in die *Harringay Arena* und die *Wembley Arena*. Man fieberte mit, als Bruce Woodcock, Jack London, Terry Downes, Henry Cooper, Frank Bruno und weitere *local heroes* um internationale Titel fochten – und häufig scheiterten.

»*Shit*«, sagt Charlie Magri über die Zapfhähne im *Victoria* hinweg, »waren das harte Kämpfe! Viel härter als heute!«

Magri, die Fliege mit dem Hammer: Von 1979 bis '86 hielt der kleine tunesische Zuwanderer aus dem East End seine Gefolgschaft mit spektakulären Ringduellen in Atem. Sechs Monate lang reüssierte er 1983 sogar als Weltmeister. Fast noch wichtiger aber ist für seine Freunde, dass er in dieser Gegend geblieben ist. Wer in seinem Pub an der Grove Road in Mile End zu randalieren beginnt, muss noch immer mit Charlies gefürchtetem rechten Haken rechnen. Ansonsten hat der 48-Jährige mit dem Boxen nicht mehr viel am Hut. »*Not many class*«, sagt er abschätzig.

Zu wenig Klasse oder nicht – Tatsache ist, dass Londons Fight Fans nach dem Rücktritt des langjährigen Schwergewichts-Champions Lennox Lewis, einem Londoner aus dem Commenwealth, zur Zeit vergeblich auf einen nachrückenden WM-Anwärter von der Themse warten. Die wenigen internationalen Titelträger kommen gegenwärtig aus Cardiff, Manchester und Glasgow. Doch was die Industrie der Hoffnung betrifft, hat nach wie vor keine andere Stadt in Europa so viel zu bieten. Über 50 Amateurbox-Vereine bilden hier den Nachwuchs aus, etwa 150 lizensierte Aktive trainieren in einem Dutzend Profi-Gyms für ihren nächsten Einsatz. *Big hall boxing, small hall boxing* – und gelegentlich auch noch das *dinner boxing* als exclusiver Clubabend für betuchte Herren, die vorher ausgiebig zu speisen geruhen.

Das neu entflammte Interesse bourgeoiser Kreise an dem rauen Sport mag auf manche Vorbehalte in der Boxszene stoßen. Doch gewiefte Zeitgenossen wie Isola Akay wissen es durchaus zu nutzen. Dreimal die Woche gibt der aus Nigeria stammende Trainer sein *All Star Gym* im nordwestlichen Stadtteil Kensal Town gegen einträchtige Gebühr für Büromenschen frei. Die werden nicht mehr Weltmeister, lacht Akay, aber für ihre Fitness sei dieses Training so umfassend wie kein anderes: »Es ist alles, von Kopf bis Fuß!« Außerdem finanzieren die Büromenschen mit ihren Beiträgen und Spenden den regulären Trainingsbetrieb für Akays Junioren und Profis mit. Ähnlich hält man es auch im renommierten *Peacock Gym* in Canning Town, wo drei Boxringe mit einem weitläufigen Fitness-Bereich kombiniert sind – Krafttraining in Duftnähe schwitzender Profiboxer.

Das mag nicht die pure Art sein, wie Traditionalisten und Nostalgiker sie erwarten. Aber die werden bei Eugene Maloney ohnehin besser bedient. Am nächsten Freitagabend jedenfalls droht die *York Hall* in Bethnal Green fast zu platzen vor elektrisierten Fans. Über 1.200 sind in das ehemalige Schwimmbad aus der Zeit König Edwards gekommen, darunter eine ganze Busladung aus dem *Lord Clyde Pub.* Dort hängen sie brüllend über den Galeriegängen und werfen Flüche, Anfeuerungen und Bierbecher durch die dicke Luft, als Chas »The Bomb« Symonds gegen den Southern Area Champion Brett James antritt.

Auf zehn mal drei Minuten ist dieser Hauptkampf angesetzt, aber so lange dauert es heute Abend nicht. Symonds paniert seinen Gegner von Beginn an mit harten Schlagserien, die schon bald Wirkung zeigen – auch wenn er im zweiten Durchgang selbst kurzfristig angezählt wird. In der vierten Runde muss der Ringarzt den arg ramponierten James dann vorzeitig aus dem Kampf nehmen. Die Fans aus dem *Lord Clyde* brüllen ihre Begeisterung von der Galerie herunter, und unten am Ring steigt ein strahlender Eugene Maloney über die Seile, um seinen Bomber schier zu erdrücken.

Gottverdammich: Er hat ihn zersägt mit diesen Haken.

Kein Abgang für Larry

Die vorgeblich letzte Eintragung in den Kampf-Statistiken stammte aus dem März. Sie wies Larry Holmes als Gewinner einer »unanimous decision« (einstimmiges Punkturteil) über einen gewissen Garing Lane aus. Gerade 1700 Schaulustige wollten im *Foxwoods Casino* von Ledyard im US-Bundesstaat Connecticut mit ansehen, wie der inzwischen 44-jährige Ex-Weltmeister seinen jüngeren, übergewichtigen Gegner durch das Seilgeviert hämmerte. »Ich denke, das war's dann«, sagte Holmes am Ende. Und dann, nach einer kurzen Pause: »Aber das hab ich schon öfters gesagt.« Fünf Monate später trat die Legende in Minnesota gegen Jesse Ferguson an – und so weiter.

So siegt Larry Holmes immer weiter, ohne etwas dabei zu gewinnen. Denn eigentlich sucht der Mann, der nach Ali sieben Jahre lang das Schwergewicht dominierte, einen starken, historischen Abgang in Las Vegas oder Atlantic City. Aber alles, was sie ihm vor die Fäuste stellen, ist »Tomato Can« (geschälte Tomaten) für billige Schlachtfeste in der Provinz. Und das lässt die Legende wie einen Punchingball hin- und herpendeln zwischen Suchtverhalten und Vernunft. »Wenn ich weiterboxe, laufe ich eines Tages 'rum und kann nicht mehr sagen, ob es Morgen oder Abend ist«, weiß Holmes. »Aber das Boxen hält mich in Trab.«

Es sind nicht die lausigen 200.000-Dollar-Börsen, die den mehrfachen Millionär heute antreiben. Daheim in Easton, Pennsylvania, gehören dem Inhaber der »Larry Holmes Enterprises« große Immobilien wie das Gebäude, in dem sich Gericht und Gefängnis besitzen. »Ich bin der einzige Schwarze in Amerika, der seine eigene Zelle besitzt, ohne in ihr wohnen zu müssen«, scherzt er gerne. Nein, es ist viel eher die Passion für die »Sweet Science«, die ihn genau wie Roberto Duran, George Foreman, Thomas Hearns und andere Denkmäler weiter zu Aktivitäten drängt – und das noch immer so gut, dass er den meisten aus der Weltrangliste eine verdammt harte Zeit bereiten kann.

»Larry kann boxen bis er fünfzig ist«, sagt sein Trainer Don Turner. »Solange die Jungen heute nicht besser werden, hat er immer seine Berechtigung.« Ray Mercer etwa musste dies 1991 schmerzlich erfahren, als er sich den Oldtimer als Vorspeise für einen WM-Fight mit Evander Holyfield einverleiben wollte – und sich am zähen Bissen verschluckte. Der junge Titelaspirant wurde vom Ring-Veteran »wie ein Amateur« (Turner) verprügelt. Seither geht Holmes aus dem Weg, wer selbst noch die großen Kampfbörsen einstreichen will. Und für die Champions ist er ein alter »Stinker«, gegen den man nichts beweisen kann.

»Ich würde Lennox Lewis schlagen«, sagt er, »aber Lewis hat Angst vor mir. Er schiebt mein Alter vor, aber es ist seine Angst... Die Jungen benutzen diesen Sport nur als Vehikel, um ans große Geld zu kommen. Ich weiß, ich bin auf ihre Gnade angewiesen. Doch es macht mir nichts.« Gar nichts? Mit 44 Jahren läuft auch Larry Holmes der Sand aus der Uhr. Noch ein, zwei Jahre, und er macht sich lächerlich. »Heute ist er nur noch ein alter Mann, der boxen will«, urteilte das Fachblatt *Boxing Illustrated* kürzlich. »Schlimmer noch: Er ist ein alter Mann, der in nichts anderem Erfüllung findet.«

Dabei hätte gerade er gewarnt sein müssen. Bei Muhammad Alis letztem Comeback-Versuch hatte Champion Holmes als Gegner hautnah und unter Tränen miterlebt, wie sein einstiges Idol den berühmten »Kampf zuviel« machte. Rund 10 Jahre später aber beging Holmes gegen Mike Tyson den gleichen Fehler. Ein Comeback später, gegen Holyfield, blieb er zumindest auf den Beinen. Seitdem hat die alternde Legende, die 17-jährig mit einer Sonder-Lizenz die Profession aufnahm, sieben faule Äpfel aus der Kiste der Namenlosen zerklopft.

Kein Ausgang für Larry? Einen großen Kampf, den gegen den alternden George Foreman, will er unbedingt noch bestreiten, »aber George läuft immer vor mir weg«. So oder so: »Höchstens zwei Kämpfe noch, dann ist endgültig Schluss.« Aber das hat Larry schon öfters gesagt.

Tatsächlich bestritt Larry Holmes bis 2002 noch elf weitere Kämpfe, darunter eine WBC-Weltmeisterschaft gegen Oliver McCall (Punktniederlage). George Foreman bekam er nicht mehr vor die Fäuste. Stattdessen boxte er 1999 mit James »Bonecrusher« Smith um den inoffiziellen Titel der »Legends of Boxing«.

RUNDE 12

Die volle Distanz

Sie hatten sich ein eigenes Reich errichtet, die Seniorenboxer von Dortmund – nur war es nicht so einfach zu finden. Ich entdeckte das selbstgebaute Gym von Rolf Gehring und seinen Freunden in den Katakomben des Westfalenstadions, als sie es Henry Maske zur Vorbereitung auf eine Titelverteidigung zur Verfügung stellten. Zuerst konnte ich kaum glauben, dass hier im Normalfall Männer zwischen 50 und 80 ihr Schlagrepertoire auffrischten. Deshalb kehrte ich wenige Tage später zurück. Und kam wieder und wieder, denn die Weigerung dieser hartnäckigen Männer, außer Form zu geraten, faszinierte mich. Und eines Nachmittags zogen sie mich hier aus der Nische des stillen Beobachters: Ich musste nachmachen, was sie vorexerzierten. Danke für den komplettesten Muskelkater meines Lebens, und für alles andere auch. Es ist ein wunderbares Training für alles, was an dir noch lebendig ist.

Wie lange ist es jetzt her, dass Emil Tomczak sich zum ersten Mal die Hände bandagierte? Fünfzig Jahre, fünfundfünfzig, oder noch mehr? Der ehemalige Westfalenmeister und Gastronom kann sich nicht mehr genau erinnern. Er weiß auch nicht, wie lange das noch so weitergehen kann nach seiner Prostata-Operation und einem Herzinfarkt. »Von mir aus noch lange«, sagt er nur. Denn so wäre es nach seinem Willen: Boxen nicht als Abschnitt im Leben, sondern als die eigentliche Kontinuität.

So steht Tomczak vor dem Spiegel, die Beine einen knappen Schritt weit hintereinander, die alten Turnschuhe möglichst parallel; die Fäuste in kurzem, harmonischen Wechsel locker und ansatzlos aus der Schulter geschlagen. Eine ganze, nie zur Perfektion gebrachte Partitur für die nächsten drei Minuten, bis die giftgrüne Eieruhr ihn für exakt sechzig Sekunden unterbricht. Zweimal die Woche, montags und donnerstags ab halb drei, ist der 69-Jährige dann wieder im Rhythmus seiner Leidenschaft. Und das Schlimmste für ihn wäre die gutgemeinte Vermutung, dass er sich damit einfach noch ein bisschen fit halten will.

»Ich bin Boxer«, sagt Emil Tomczak dann, »ich muss boxen.« Und darauf zeigt er eventuell noch seine Schussverletzungen aus dem Zweiten Weltkrieg, die ihm ein paar vernarbte Löcher und ein Augenlicht gekostet haben: alles Umstände, heißt diese Geste, die man mit einem starken Willen überwinden kann.

Gemessen an den jungen Athleten, für die man das Wort 17-1 »Aktive« allzu exclusiv reserviert hat, mag Emil Tomczak ein Senior, ein Box-Oldie sein. Verglichen aber mit Kurt Windrisch ist er fast noch ein Grünspan. Dem 82-Jährigen, der als Schüler noch Max Schmeling in der alten Westfalenhalle boxen sah, sind die Nachmittage an Sandsack und Punchingball heilige Inseln im Seniorenalltag. Wenn Windrisch am Ende von acht gemächlichen, aber konzentrierten Runden noch einen Kopfstand auf seinem Teppichflicken draufsetzt, bleibt im »Landesleistungszentrum« des Deutschen Amateurbox-Verbands förmlich die Zeit stehen. Und es ist dann, oder kurz danach, dass sie alle zum ersten Mal an diesem Nachmittag ein wenig ins Plaudern geraten.

Windrisch und Tomczak sind ja nicht allein in ihren wohligen Qualen. Ein gutes Dutzend weiterer Altgedienter lassen in den Katakomben des Westfalenstadions regelmäßig mit ihnen Dampf ab. Springen Seil, beugen Bauchmuskeln, boxen Schatten oder hieben im Ring heftig atmend auf das schwere Lederkissen, das »Target«, ein, das Helfer Rolf Gehring vor ihnen hin- und herzieht. Das ganze Box-Training eben bis auf das Sparring, das sie aus Sicherheitsgründen vor ein paar Jahren erst eingestellt haben (»dafür können wir einfach noch zu gut hauen«, sagt Gehring). Denn was sind sie anderes als Boxer, die immer noch ihr Bestes geben?

Noch immer läuft Werner Sperlich, einst ein respektabler Weltergewichtler, vor dem ersten Schlag vierzig Minuten lang im Karree durch den Raum, dass das Hemd wie eine zweite Haut am Pensionärsbauch klebt. Noch immer kämpft Werner Mundt, der drahtige Ex-Profi, mindestens sechs Runden lang mit dem Lederkissen im Ring – zuzüglich ebenso vieler Gänge an Bretterbirne und Sandsack. Noch immer springt der einst gefürchtete Haken-Spezialist Willi Fischer Seil, als seien die vierzig Jahre bei den Hoesch-Werken mit dem letzten Arbeitstag aus seinen kurzen Beinen gewichen.

Und noch immer schaut auch Willi Quatuor gelegentlich herein, Halbbruder von Mundt und lebende Box-Legende. Der mehrfache Europameister der 60er Jahre, der nach dem Ende seiner Karriere »ein kleines Arschloch« geblieben ist, wie er fast stolz vermerkt, nutzt noch immer manche Lücke im Akkordplan eines Gebäudereinigers. Und seine Schläge zum Target lassen auch heute noch den langen Gehring dahinter wie eine windbewegte Tanne wanken. Ein Tennisspieler mag im Alter aufhören, glaubt Quatuor, ein Fußballer vielleicht auch. Aber das sind ja auch nur Sportarten. Boxen dagegen, »das ist irgendwie mehr«.

Eine Haltung eben, oder, noch genauer, eine Gesinnung, die sie ihr Leben lang beibehalten wollen – auch wenn sie nicht einmal die Börsen und die Weltreisen eines Willi Quatuor dadurch hatten. Jahrelang hat Willi Fischer doch »eigentlich nur Stress« gehabt, wenn er für einen Amateur-Vergleich seine Schicht tauschen musste oder einen halben Urlaubstag nahm – »und das alles eventuell nur dafür, dass du am Abend ein paar auf's Maul bekommst!« Wenn seine Frau ihn dann fragte, was er davon habe, schwieg Willi Fischer nur – und machte weiter. Heute, mit dem Herzschrittmacher unter den Rippen, will Fischer dabei bleiben »solange ich kriechen kann«.

Außenstehenden zu erklären, wie diese milde Form einer Abhängigkeit wirkt, ist fast unmöglich. Und nahezu ausgeschlossen nachzuvollziehen, wann diese gemeinsamen Nachmittage ihren Anfang nahmen. Sie hatten ja alle einfach nur nicht mehr aufgehört, als sie damals aus den Staffeln der über 20 Boxvereine in Dortmund nach und nach ausschieden. Hatten sich an der Westfalenhalle den alten Boxsaal geteilt und später, es muss Ende der Siebziger gewesen sein, diesen neuen unter der Osttribüne des Stadions gefunden. Eigentlich das »Landesleistungszentrum« des DABV, aber wen hätten sie hier verdrängen können, wo es gerade noch vier Vereine in Dortmund gibt? Und was wäre dieser Raum ohne die Initiative der alten Herren?

Es war Willi Fischer, der die vertrackte Aufhängung für die Bretterbirne im Betrieb zusammenschweißte. Werner Sperlich besorgte die Plane für den Ringboden, Rolf Gehring füllte und vernähte den Sandsack neu. Zu solchen Anlässen beweist sich die Zusammengehörigkeit der Gruppe, die nur ein Ahnungsloser mit »Freundschaft« stempelt. »Es ist im Grunde viel mehr«, weiß Rolf Gehring, »auch wenn es oft nach weniger aussieht.«

Der ehemalige Langläufer, der erst durch die Bekanntschaft mit Willi Quatuor zu den Boxern konvertierte, ist nach vielen Jahren unermüdlicher Assistenz zum Katalysator der Gruppe geworden. »Boxer sind ehrlich«, sagt Gehring, »aber auch relativ schweigsam.« Inzwischen hat er die unausgesprochenen Regeln dieser Nachmittage annähernd genauso verinnerlicht: kein großes Palaver während der Übungszeiten, keine unaufgeforderte Einmischung und keine Wertung darüber, was einer außerhalb dieser vier Wände treibt. Selbst zu dem monatlichen Boxer-Stammtisch vom Verein »Dortmund 20« am Volmarsteiner Platz kommt die Mehrzahl nur sporadisch.

So halten sie ihre Geschichten, ihren Alltag und ihre Ängste, mithin fast alles, was sie zu gewöhnlichen Menschen macht, aus diesen achtzig Minuten Praxis fern. Ein absoluter Raum nur aus Boxen, in dem einzig die Hingabe an die nächsten drei Minuten zählt. Eine Welt weit weg von der »wirklichen«, in der kein Chaos herrscht und kein anderes Geräusch als das satte Knallen von Leder. Und doch: Fehlte einer von ihnen mehr als einmal, kümmerte man sich. So war das bei Willi Fischers By-Pass-Geschichte, bei Kurt Windrischs Schlaganfall, bei Emil Tomczaks Prostata-Eingriff und als Rolf Gehring wegen seiner Augenoperation im Krankenhaus lag.

»Ich hatte niemandem davon erzählt«, erinnert sich Gehring, »aber zwei Tage später waren sie alle da.«

Es sind die deutlichen Signale des Alterns und der Hinfälligkeit, die sie bei diesen »Geschichten« empfangen und teilen. Und doch lebt gerade dann dieser bestimmte Geist wieder auf. Am Tag nach der Operation, so heißt es, hat Kurt Windrisch bereits andere Patienten im Rollstuhl über die Gänge geschoben. Emil Tomczak, der frühere K.o.-König, sprang Stunden nach seinem Prostata-Eingriff wieder Seil. Als ihn die Schwestern fragten, ob er noch Wünsche hätte, verlangte er nach einer Aufhängung für einen Sandsack.

»Wenn sie meinen kahlen Schädel aufschneiden würden, fänden sie nur einen großen Box-Handschuh darin«, sagte der einstige Mittelgewichts-Champion »Marvelous« Marvin Hagler einmal, »denn das ist alles, was ich bin. Ich lebe es.« Aber Marvin Hagler hat sich nach dem Ende seiner Karriere völlig zur Ruhe gesetzt, und Emil Tomczak und die anderen machen immer noch weiter.

NACHSCHLAG

Zehn Jahre in der Niemandsbucht

Wenn Jugend bedeutet, dass man dabei in erster Linie an sich selbst denken darf, ist die von Lisa McClellan schon lange vorbei. Vor zehn Jahren war sie noch ein 26-jähriges Mädchen ohne Verpflichtungen, sagt sie, »mein Gott, was hatte ich Zeit«. Bis zum 25. Februar 1995, um genau zu sein. Da absolvierte ihr ein Jahr älterer Bruder Gerald drüben in London einen WM-Kampf als Profiboxer. Es sollte ein weiterer Triumph in seiner international beachteten Karriere werden, so wie die 33 davor. Doch als sie ihn mit ein paar Wochen Verspätung wieder nach Hause brachten, konnte er niemand aus seiner Familie mehr erkennen. Er war blind, beinahe völlig taub und nicht fähig, sich aus eigenem Antrieb zu rühren.

Das war die Zeit, als Sportreporter aller Länder über eines der aufregendsten und fatalsten Ringduelle seit Einführung der Handschuhe schrieben und kritische Mediziner ein Verbot des Sports forderten. Es war die Zeit, als Lisas Bruder für ein paar aufgedrehte Wochen ein Weltstar des Grauens wurde, ohne davon selbst Notiz nehmen zu können. Alle Welt war von der unglaublichen Aggressivität geschockt, mit der McClellan und sein britischer Widersacher Nigel Benn bei ihrem Titelkampf im Supermittelgewicht aufeinander eingedroschen hatten. Und von jener seltsamen 10. Runde, als der junge Amerikaner aus Freeport, Illinois, zuerst unaufhörlich mit den Augen blinzelte, zweimal zu Boden ging und schließlich ins Koma fiel. Wenige Boxer haben solch einen Zusammenbruch nach einer Hirnblutung überlebt.

Gerald McClellan jedoch ist zurückgekommen, ins schiere physische Leben und nach Freeport. Nur ist die Welt, die damals so starken Anteil an seinem Schicksal nahm, inzwischen längst geschrumpft. Seine junge Frau Angela war schon ausgezogen, bevor er überhaupt nach Hause gebracht wurde – sie wollte den neuen Zustand nicht ertragen. So sind es im wesentlichen seine Schwestern Lisa und die vier Jahre ältere Sandra, die sich heute um den Versehrten kümmern. Für jeweils dreieinhalb Tage sind sie in seinem Haus, sagt Lisa, den Rest der Woche wenden sie für ihre Arbeitsstellen und ein bisschen Privatleben auf. »Es ist ständig jemand bei ihm«, sagt Lisa, »Tag und Nacht.« Was so tröstlich klingt, heißt aber auch: Der frühere Champion sitzt weiter im Rollstuhl und bleibt auf Hilfe angewiesen.

»Mittlerweile kann er wieder etwas hören«, sagt Lisa. Und ja, sprechen könne er auch. »Der erzählt manchmal den ganzen Tag. Er mag es, wenn Leute aus der Nachbarschaft vorbeikommen. Und er liebt es, über das Boxen zu reden.« Dann fallen immer wieder die Namen von Mike Tyson, Thomas Hearns und manch anderen Boxstars. Nur von dem Abend, an dem er große Teile seines Bewusstseins an die Dunkelheit verlor, weiß Gerald McClellan bis heute nichts. »Er kann sich an diesen Kampf nicht erinnern«, sagt Lisa, »wie übrigens auch an keinen anderen seiner außergewöhnlichen Ring-Karriere.«

Sie steil zu nennen, wäre fast noch untertrieben. Nachdem er 1988 Profi wird, fegt Gerald McClellan zwischen Atlantic City und Phoenix wie ein Taifun durch die Konkurrenz von Halbmittel- bis Mittelgewicht. Eher sehnig als besonders muskulös perfektioniert der schlagstarke Athlet einen äußerst kompromisslosen Stil des »Er-oder-ich«. Von den 22 Siegen, die er in den nächsten drei Jahren landet, kommen allein 17 in den ersten beiden Runden zu Stande (zwei Aufbaukämpfe enden mit diskutablen Punktniederlagen). Das berechtigt ihn im November 1991, den gefürchteten John Mugabi um das WBO-Championat im Mittelgewicht zu fordern. Auch diese Aufgabe löst der sonst so stille Junge in der Londoner Royal Albert Hall auf seine Art: Er knockt den Titelverteidiger in weniger als drei Minuten aus.

Damit avanciert McClellan vom Geheimtipp zum renommierten K.o.-König. Ein britisches Fachblatt stuft ihn als den »gefährlichsten Puncher seit Jahren« ein. Die Impressarios wollen ihn nun mit den größten Namen seiner Ära zusammenführen – allen voran den mehrfachen Weltmeister Roy Jones Jr., den McClellan einmal als Amateur bezwang. Er selbst nennt sich längst »G-Man«, als sei er ein Held aus einem Marvel-Comic, und hinterlässt wie jene Rächer des Guten zerstörte Widersacher. Die Risiken seines gefährlichen Sports veranlassen ihn höchstens zum Schwärmen. Es sei ja wie bei den Pitbull-Hunden, die er bei sich zu Hause in Freeport hegt und trainiert, erklärt er Journalisten: Da gäbe es am Ende eines Kampfes auch nur einen Sieger.

Lisa und Sandra McClellan sind nicht dabei, als ihr Bruder im Februar 1995 erneut nach London fliegt. Wie ihr Vater haben sie Gerald öfter bei Kämpfen in der weiteren Umgebung begleitet. »Die ganze Familie war im Boxen involviert«, erzählt Lisa. Der »G-Man« aber braucht die Anfeuerung durch Freunde und Verwandte gegen Nigel Benn, den WBC-Weltmeister im Supermittelgewicht, nicht unbedingt. Er ist auch so absolut siegesgewiss und demonstriert ungebremste Aggressivität. »Du gehst in den Krieg und gewinnst ihn«, beschreibt er einem Reporter einige Wochen vor dem Termin seine Gefühle, »oder du gehst in den Krieg und stirbst darin – jedenfalls kommst du nicht zurück.«

Hatte McClellan seinen Gegner an jenem 25. Februar unterschätzt? Oder war er, wie Experten meinen, nicht genug darauf trainiert, eine solch brutale Schlacht über so viele Runden zu führen – nachdem er zu

Beginn wie der sichere Sieger gewirkt hatte? Für Lisa McClellan spielen solche Fragen heute keine Rolle mehr. Im Wohnzimmer seines Hauses in Freeport sitzt ihr die aktuelle Version des legendären Kämpfers im Rollstuhl gegenüber: Ein 37-jähriger Versehrter, der sich weder alleine ankleiden noch sonstwie behelfen kann. Dieser Gerald, dessen Börsen längst für Medikamente und Ärzte aufgebraucht sind, hält sie beschäftigt, ohne dass sie dabei deprimiert wirkte. Die große Aufgabe hat ihr Leben »völlig verändert«, sagt sie, »aber Gerald und ich haben auch oft Spaß, wenn wir zusammen sind«.

Es braucht wohl zwei Engel wie Lisa und Sandra, um einen ehemaligen Box-Weltmeister beim Leben nach dem K.o. zu sekundieren. Von den vielen starken, lauten Männern, die während seiner Karriere um ihn herum waren, ist hingegen kaum einer geblieben. Der berühmte Roy Jones Jr. hat seinen Besuch grundsätzlich angekündigt. Doch er möchte damit warten, bis seine Karriere definitiv vorüber ist. Vielleicht fürchtet er den Effekt, den die Begegnung auf den amtierenden Mittelgewichts-Champion Bernard Hopkins hatte. Der Mann, der sich »The Executioner« nennt, bekannte nach einem Zusammentreffen vor drei Jahren: »Das ist wie ein Weckruf. Ich könnte nach jedem meiner Kämpfe ein Gerald McClellan sein.«

Lisa McClellan aber hat trotz allem nicht aufgehört, sich für große Profi-Box-Abende zu interessieren. Neulich ist die 36-Jährige bis nach Los Angeles gereist, um im *Staples Center* die Supermittelgewichts-WM zwischen Champion Bernard Hopkins und dem englischen Herausforderer Howard Eastman zu sehen. Und kommendes Wochenende wird sie in fünf, sechs Stunden zu einem Boxabend in Missouri fahren, einem Fundraiser für den ebenfalls versehrten früheren Schwergewichts-Champion Greg Page. »Meine Haltung zum Boxen hat sich überhaupt nicht verändert«, so Lisa, »ich mag den Sport. Wenn ich aber sehe, wie schnell die Leute ihre Favoriten auspfeifen, sobald die k.o. gegangen sind – das gibt mir heute zu denken.«

Bertram Job, Jahrgang 1959, schreibt als freier Autor seit 1990 regelmäßig über den internationalen Boxsport und tingelte zwischen Las Vegas, London und Südafrika durch ungezählte Arenen und Gyms. Seine Reportagen erschienen in Stern, Sports, Die Zeit, Merian, Financial Times, Neue Züricher Zeitung, Süddeutsche Zeitung Magazin u. a. 1995 schrieb er für Henry Maske »Mein Box-Lexikon«, 2003 folgte das viel beachtete Standardwerk »Boxen«. 2006 erschien der Band »365 Fußball-Tage« (zusammen mit dem Fotografen Kai Sawabe).

Julia Alice Treptow, 1971 in Hamburg geboren, beschäftigt sich seit 1991 mit dem Holzschnitt. Schon während ihres Illustrationsstudiums begann sie sich als freie Journalistin intensiv mit dem Boxsport auseinanderzusetzen. Ihre Grafiken zeigte sie seit 1999 in diversen Ausstellungen, ihre Fotografien und Texte erscheinen in BOXSPORT, CHRISMON u. a. Seit 2000 greift sie selbst regelmäßig zu Handschuh und Bandagen.